cantabria **4** *estaciones*

AMALIO SÁIZ DE BUSTAMANTE Y GARCÍA

Escritos

Colección Cantabria 4 Estaciones, 72

Director de colección
Manuel Estrada Sánchez

$$\frac{c}{4}_e$$

cantabria 4 estaciones

AMALIO SÁIZ DE BUSTAMANTE Y GARCÍA

Escritos

Estudio preliminar:
PALOMA SÁIZ DE BUSTAMANTE PÉREZ

Ediciones
Universidad
Cantabria

Sáiz de Bustamante y García, Amalio, 1864-1936, autor
[Obra selecta]
Escritos / Amalio Sáiz de Bustamante y García ; estudio
preliminar, Paloma Sáiz de Bustamante Pérez. – Santander :
Editorial de la Universidad de Cantabria, [D.L. 2025]
205 páginas ; 19 cm. – (Cantabria 4 estaciones ; 72)

D.L. SA 269-2025. – ISBN 978-84-19897-10-7

I. Sáiz de Bustamante Pérez, Paloma, escritor de introducción

821.134.2-82"18"

THEMA: DNP, JP, KC, 1DSE, 3MNQ, 3MPB

Diseño de la cubierta: Maite Arce

© Estudio preliminar: Paloma Sáiz de Bustamante Pérez
© Amalio Sáiz de Bustamante y García
© Editorial de la Universidad de Cantabria
  Edificio Tres Torres, Torre C, planta –1
  Avda. Los Castros, s/n
  39005 Santander
  ISNI: 0000 0005 0686 0180
  www.editorial.unican.es

ISBN: 978-84-19897-10-7 (RÚSTICA)
D.L.: SA 269-2025

ISBN: 978-84-19897-11-4 (PDF)
DOI: https://doi.org/10.22429/Euc2025.009

Imprime: KADMOS
Impreso en España. *Printed in Spain*

ÍNDICE

ESTUDIO PRELIMINAR

Paloma Sáiz de Bustamante Pérez

AMALIO SÁIZ DE BUSTAMANTE Y GARCÍA: HIJO ADOPTIVO Y ESCLARECIDO DE JEREZ DE LA FRONTERA

Un viajero que se acerque en tren a Jerez de la Frontera puede admirar su monumental estación, cuya fachada constituye un ejemplo notable del historicismo regionalista andaluz, imperante a comienzos del siglo XX. La vista frontal de la estación ofrece un llamativo contraste entre su decoración con cerámica policromada y sus paramentos lisos encalados. El acceso está definido por tres grandes arcos de medio punto, coronados con un reloj en la torre central. Cuatro torres más, dos adosadas a cada lado del cuerpo central y las otras dos en los extremos del edificio, conectadas mediante un porche cubierto, completan la fachada.

La simetría del conjunto se ve, sin embargo, alterada por un pequeño elemento que tal vez pase desapercibido a un viajero presuroso. En el lienzo encalado de la primera torre, inmediatamente a la izquierda del acceso, sobre el ventanal enrejado que la adorna, podemos ver una placa de mármol que incorpora un medallón en bronce y una leyenda que, debido a su altura, pone a prueba la agudeza visual del observador. Ayudémosle. La leyenda dice:

AMALIO SÁIZ DE BUSTAMANTE

Una vida ciudadana ejemplar, ofrendada a Jerez y a su región: El Ferrocarril de la Sierra, el Pantano de Guadalcacín, que traerán a esta región los frutos del trabajo y de la paz, aumentando su riqueza y bienestar fueron sus obras.

El Pueblo agradecido 16 Julio 1932

La placa se descubrió con motivo del Homenaje que le rindió el Pueblo de Jerez el 12 de octubre de 1932, según acuerdo del Ayuntamiento de Jerez de la Frontera.

Pero ¿quién fue Amalio Sáiz de Bustamante y cuáles fueron los hechos que le hicieron llegar a merecer esa muestra de agradecimiento? Una semblanza suya ha sido recogida en un trabajo previo de la autora (P. Sáiz de Bustamante, 2022), donde se da cuenta de las actividades de Amalio, pero donde no tuvieron cabida sus escritos, salvo en forma de citas parciales de algunas obras. En este libro se recupera una selección de trabajos que permiten al lector acceder a la trayectoria y pensamiento de Amalio a través de sus propias palabras.

APUNTES BIOGRÁFICOS

Amalio Sáiz de Bustamante y García nació en Queveda, Santillana del Mar (Cantabria) el 19 de diciembre de 1864, siendo bautizado en la parroquia de San Andrés de dicha localidad. Era hijo de Juan José Sáiz de Bustamante y Huelga y de María Antonia García Pérez de la Lastra, ambos naturales de Queveda.

El padre de Amalio, Juan José, nacido en 1835, aparece registrado en los padrones de Queveda en el domicilio paterno[1], ocupado en labores agrícolas. Sin embargo, a partir del año 1856, figura como «ausente en actividades de Comercio». Esta condición sigue reflejándose en los padrones de años posteriores, donde se precisa que Juan José se halla «ausente en Cádiz» o «en Andalucía». Los desplazamientos son inicialmente de carácter temporal, hasta que en 1868 la familia (Juan José, María Antonia y Amalio) se traslada definitivamente a Jerez, fijando allí su residencia. Vemos pues que formaron parte de la numerosa emigración cántabra a Andalucía que tuvo especial relevancia a partir del siglo XVIII, siendo precisamente el entorno de Santillana del Mar una de las zonas que más contribuyó a esta población migrante (Aramburu-Zabala, 2013; Ruiz de Villegas, 2009; M.Á. Sánchez, 2019).

Juan José, al instalarse definitivamente en Jerez, continuará con su actividad relacionada con el comercio, concretamente de «alimentación al por menor», según indican las contribuciones industriales conservadas en el Archivo Municipal de Jerez de la Frontera.

La familia Sáiz de Bustamante, como es lógico, seguiría manteniendo sus lazos con Cantabria, ya que en Queveda permanecerían los abuelos de Amalio, Ángel y Carmen, hasta su fallecimiento. Además del vínculo con la *colonia montañesa* de Jerez[2] hay constancia de numerosos viajes a Santander a lo largo de los años siguientes, incluyendo estancias veraniegas en el balneario de Caldas de Besaya por parte de Juan José en el periodo 1897-1902. El propio Amalio, como veremos, rememora pasajes de su niñez y mocedad en tierras cántabras, en uno de sus escritos, *Pasa la tierruca*, que presentamos en la correspondiente sección[3].

Centrándonos ahora en la vida de Amalio, hemos visto que llega a Jerez a muy temprana edad, con apenas tres o cuatro años. Allí se educa, cursando sus estudios de bachillerato en el Instituto Colegio de San Juan Bautista, actual Instituto Padre Luis Coloma, en cuyos archivos se conservan datos de su expediente académico[4]. Amalio finalizó sus estudios de bachillerato el curso 1879-80, obteniendo la calificación de sobresaliente en los dos exámenes necesarios para conseguir dicho grado[5]. Finalizado el bachillerato, proseguirá su educación cursando los estudios de Derecho Civil y Canónico en la entonces llamada Universidad Central de Madrid, licenciándose en 1886[6]. Entre el profesorado de la Facultad de Derecho se encontraban Luis Silvela[7] y Gumersindo de Azcárate[8], quienes serán referenciados en alguno de los escritos de Amalio.

Esta etapa universitaria es, no cabe duda, el periodo clave en la formación intelectual de Amalio, que será deudor del entorno socioeconómico y de las corrientes ideológicas vigentes en ese momento. En estos años es cuando tiene lugar el fallecimiento de Alfonso XII, el comienzo de la Regencia de la reina M.ª Cristina de Habsburgo-Lorena (1885) y nacimiento de Alfonso XIII (mayo de 1886) y, pocos años después, se produciría el *desastre del 98*, con la pérdida de las colonias de ultramar: Cuba, Puerto Rico y Filipinas, para cerrar el convulso siglo XIX, periodo crucial de la historia de España, acompañado de decisivas transformaciones políticas, económicas y sociales[9].

Desde el punto de vista económico existe un poderoso telón de fondo que condiciona todo el panorama a escala mundial: la Revolución Industrial. Esta nueva estructura productiva dará lugar a desequilibrios en las condiciones laborales de las clases trabajadoras, problemática que se conocerá como *cuestión social*. La sociedad en su conjunto (políticos, intelectuales, religiosos), acabará por asumir la necesidad de reconducir esta situación; claro está que las posibles medidas propuestas para resolver este problema diferían en función de la adscripción ideológica de cada grupo[10].

Es la época en que surgen las ideologías socialista, marxista y anarquista. En España, es también el momento en que se extiende el *regeneracionismo*, que constituirá una corriente de pensamiento generalizada, que en muchos aspectos tendrá carácter transversal, siendo asumido por distintas ideologías, aunque claro está, con matices diferenciales[11].

Por lo que se refiere a Jerez de la Frontera, han de tenerse en cuenta las peculiaridades específicas de la región; concretamente la dependencia económica del sector vitivinícola. Y el siglo XIX será particularmente complejo, ya que esta actividad sufrirá una profunda transformación. Mientras en sus inicios se produce un desarrollo muy positivo, con un incremento significativo de la demanda del vino de Jerez, durante el último cuarto de siglo se viviría una etapa recesiva, acompañada de una fuerte caída de los precios y de las exportaciones (Cabral, 1986, pp. 14-26).

Y a esta situación debemos añadir un elemento adicional que participará en la crisis: la plaga de la filoxera que llega a la provincia de Cádiz a partir de 1894. Esto afectará a la industria vitivinícola jerezana, dando lugar a la desaparición de un gran número de pequeños y medianos propietarios, y una reordenación de todo el sector (Ruiz, 2011, p. 187). La crisis alcanzó tal magnitud que amenazaba con arruinar a toda la industria, estando acompañada de una serie de agitaciones y conflictos que llevaron a la sociedad jerezana a buscar alternativas al lamentable ambiente socioeconómico en el que se vivía. Amalio plasmará, años más tarde, de forma resumida pero contundente, la situación: «Hambre y esclavitud era la labranza […] jornal irrisorio de treinta cuartos […] criadores, pidiendo de misericordia la compra de sus caldos añejos. Arrasado el viñedo por la filoxera. Millares de obreros viticultores sin pan y sin esperanza…». Este es el marco en el que Amalio comienza su actividad, una situación crítica desde el punto de vista económico y social ante la cual, como él mismo decía: «Eran propicios los tiempos para pensar en una revulsión salvadora: renovarse o morir…» (A. Sáiz de Bustamante, 1928, p. 13).

Y es también en esos años cuando se inicia el vínculo de Amalio a dos instituciones fundamentales en la actividad cultural y económica de Jerez de la Frontera, en cuyo seno se ampararán muchas de las iniciativas de su vida: el Ateneo jerezano y la Cámara Oficial de Comercio.

ATENEO

El Ateneo Científico, Literario y Artístico de Jerez de la Frontera se constituye en 1897, siendo una asociación clave en el impulso de la vida cultural de la ciudad (Toribio, 1981), de la que Amalio formará parte desde el primer momento; incorporándose a su estructura fundacional y permaneciendo ligado a él durante toda su vida. Concretamente le encontramos en las Secciones de Literatura y Lengua (1897-1898), Ciencias Morales y Políticas (1898-1899, 1903-1905), como secretario general de la Institución (1899-1903), vicepresidente (1905-1908) y presidente honorario (1921+).

La actividad de Amalio relacionada con el Ateneo dará lugar a algunos de sus escritos que, reflejando su pensamiento, han llegado hasta nosotros. Son resultado de las conferencias impartidas, las memorias redactadas durante su periodo como secretario general, así como de sus colaboraciones con la *Revista del Ateneo*[12]. *Las desigualdades sociales*, *Problemas Nacionales* y *En torno al gran problema* son textos paradigmáticos de esta etapa que se recogen en esta obra.

CÁMARA DE COMERCIO DE JEREZ DE LA FRONTERA

Junto al Ateneo, la Cámara de Comercio de Jerez de la Frontera es la institución en cuyo seno se desarrollan y amparan una gran parte de las actividades públicas de Amalio. La Cámara había comenzado su andadura, con el resto de Cámaras españolas, en 1886. Sin embargo, la Institución había sufrido un progresivo declive, con una paulatina reducción en el número de socios, que desembocaría en una profunda renovación en 1900, tal como el propio Amalio resumiría años más tarde (A. Sáiz de Bustamante, 1928, p. 13):

> … la *Cámara de Comercio e Industria de Jerez*, allá por los días del último invierno del pasado siglo […] por venturoso azar, tenía a la cabeza un hombre bueno, sin apego pueril a los oropeles del cargo […] D. Manuel Antonio de la Riva […] sencillo, sincero, liberal y probo, de pensar limpio y voluntad recia, sangre de Cantabria en corazón jerezano[13] […] probó La Riva a resucitar el moribundo, procurando transfundir en sus entrañas el vigor de la sangre nueva.

Y así fue, en la renovada institución accederían a la Junta Directiva miembros de una nueva generación que aportaba un vivificador dinamismo, asumiendo inmediatamente responsabilidades de gestión en la labor cotidiana. Amalio era parte de esta nueva generación, desempeñando el cargo de Contador de la entidad. Intervino de forma directa en las gestiones de la Cámara, algunas de las cuales quedarían reflejadas en sus artículos aparecidos en el *Boletín Oficial de la Cámara de Comercio* y en la prensa local. *Deliberat Roma* y *Del comercio Hispano-Ruso*, que se recogen más adelante en este trabajo, son dos ejemplos de la polifacética actividad de Amalio y de la profundidad y agudeza de su capacidad de análisis.

Pero, además, por encima de todo, en la reformada Cámara se plasmaría el anhelo emprendedor que daría lugar a las ambiciosas actuaciones concebidas para potenciar el futuro desarrollo de Jerez. Y allí nacerán los grandes proyectos que fueron el sueño de toda una generación. Algunos años más tarde, Amalio dibujaba aquella explosiva y entusiasta actividad[14]:

> ...Tres artistas de afición pintaron —entre decires alegres y risas juveniles y copas de «oloroso viejo»— líneas, colores y letras sobre enorme lienzo, que aún pende de los muros de la sala de actos y en él, dentro de artística cartela, pueden leer los que sepan: CARRETERA DE JEREZ A CORTES, PANTANO DEL GUADALCACÍN, F.C. DE JEREZ A VILLAMARTÍN Y SETENIL. Los tres sueños de Gallegos; el ingeniero de las

fantasías […] y aquella cartela fué como su bandera de combate[15].

Y enseguida, junto al Ateneo y la Cámara Agrícola, se pusieron en marcha para desarrollar estas iniciativas. El Pantano del Guadalcacín y el Ferrocarril de la Sierra serán las dos actividades fundamentales a las que Amalio consagró su vida y que merecerán el reconocimiento por parte del pueblo de Jerez y sus autoridades; proyectos que pasamos a describir a continuación, de una manera resumida[16].

PANTANO DEL GUADALCACÍN

A finales del siglo XIX, se consolidaba la urgencia de *regenerar* el País, solventando carencias tanto estructurales como coyunturales. Y una de las componentes de esta realidad era la denominada *cuestión agrícola*: la mayor parte del territorio nacional estaba dedicado a cultivos de secano, con un escaso rendimiento. Los intentos de reconducir esta situación no habían dado el resultado esperado y se comenzaba a señalar la necesidad de implantar cultivos de regadío, postulándose para ello la intervención del Estado, reclamándose una *política hidráulica*.

Este pensamiento podría sintetizarse utilizando las palabras de Joaquín Costa[17]:

El día que las aguas del Pirineo se queden prisioneras en el llano […] España entonces, si cuida de estimular paralelamente las demás fuentes de riqueza, podrá acordarse entonces de los maestros de escuela, y hablar en serio de cuerpo electoral; podrá construir escuadras y hacerse respetar de los extraños y reanudar el hilo roto de sus tradiciones y de sus destinos gloriosos en el mundo…

Aunque esta apuesta por el regadío no había llegado a ser implementada en ningún momento, existía un clima de opinión favorable hacia ella, y su necesidad sería asumida por gobiernos de distinto signo político, incorporándose a ese movimiento el Cuerpo de Ingenieros de Caminos, Canales y Puertos, que en 1899 había promovido y presentado un *Avance de Plan de Canales y Pantanos de riego*. En este entorno se inicia la aventura del Pantano del Guadalcacín, cuyos orígenes podemos situar a principios de 1901.

Por aquel tiempo, los presidentes de las Cámaras de Comercio y Agrícola se encontraban en Madrid gestionando aspectos relativos al reglamento de Contribución Industrial que afectaba al comercio jerezano y, durante su estancia, visitarían con frecuencia al ministro de Estado, el jerezano Duque de Almodóvar del Río[18], debatiendo sobre las perentorias necesidades de la comarca jerezana. Y es en este punto cuando se entra en sintonía con los planes del Gobierno, que preveían el fomento de obras hidráulicas en consonancia con las ideas de carácter regeneracionistas antes mencionadas. El Duque de Almodóvar manifiesta que, si en Jerez se promovía la iniciación de una obra hidráulica, él haría que fuese acogida en forma adecuada por los Poderes Públicos.

Y las Cámaras hacen suya esta iniciativa abordando las actuaciones necesarias para su consecución: «... a su vuelta de Madrid los comisionados repitieron lo oído y la idea se abrió rápidamente paso» (González Quijano, 1916).

Siguiendo la indicación del propio Duque de Almodóvar, se eligió al ingeniero Antonio Gallegos para hacerse cargo de los estudios preliminares. El resultado sería la propuesta de construcción de un pantano en el río Majaceite, afluente del Guadalete, que permitiría regular su caudal y utilizar sus aguas para regar sus extensas vegas, así como las llanuras de Caulina, próximas a Jerez[19]. La presa se denominaría Guadalcacín, término derivado del nombre árabe del río. Pero además de la propuesta técnica se requería una movilización que adquiriese suficiente resonancia como para que la petición de Jerez fuese escuchada por el Gobierno. Tal como más tarde narraría el ingeniero Antonio Gallegos[20]:

> Requeríase para esto la iniciativa de un hombre de gran mentalidad, con prestigio suficiente para arrastrar a las corporaciones oficiales en unión de todas las clases

sociales a un acto público de extraordinaria resonancia: y esta misión fue la que se encomendó a D. Amalio Sáiz de Bustamante, el organizador del admirable Mitin del Pantano.

Amalio defenderá el pantano en una serie de artículos en prensa, que bajo la cabecera común *Política Hidráulica*, enfatizarían la necesidad y oportunidad de que las instituciones jerezanas pasasen a la acción, siendo también responsable de aunar voluntades consiguiendo incluso la participación de las sociedades obreras que, por primera vez, comparecerán en un acto público unidas a los demás elementos sociales. El mitin, que se celebraría el 23 de junio de 1901, fue un gran éxito, consiguiéndose la resonancia que se buscaba. Entre los artículos que se presentan en esta obra se han seleccionado el mencionado *Política hidráulica* y el *Discurso* pronunciado por Amalio en el mitin.

Para hacer llegar la petición de Jerez al Gobierno, se desplaza a Madrid una comisión de la que Amalio forma parte[21]. Entrevistándose con el presidente del Consejo de Ministros, Sr. D. Práxedes Mateo-Sagasta y con el ministro de Agricultura y Obras Públicas, conseguirán la promesa de apoyo gubernamental al proyecto, lo que se materializó de forma inmediata con la designación del ingeniero jerezano D. Pedro Miguel González Quijano para hacerse cargo de los estudios[22].

Todo avanzaba con una celeridad inusitada y el 27 de abril de 1902 la *Gaceta de Madrid* publica el Real Decreto por el que se aprueba el Plan General de Obras Hidráulicas, relacionando 205 pantanos y obras de riego, figurando en él, con el número 16, el pantano del Guadalcacín[23].

Pero, en esas fechas, tienen lugar hechos relevantes en la Nación: el 17 de mayo de 1902 Alfonso XIII cumple los dieciseis años, es declarado mayor de edad y asume la jefatura del Estado. Se abre así una etapa de incertidumbre, con interrogantes respecto a cómo podría afectar a los gabinetes ministeriales y a los planes de los mismos. ¿Qué pasaría con las obras públicas?

El nuevo Gobierno ratificaría su apoyo a las obras hidráulicas pero este quedaría supeditado a que los beneficiados contribuyeran a su financiación, lo que supuso un duro golpe para las aspiraciones jerezanas, que convocarían un segundo mitin para reclamar que el Gobierno asumiese la construcción y consignase en los presupuestos del Estado las cantidades precisas. En su organización también tendría Amalio un papel protagonista[24].

Sin embargo la respuesta gubernamental será clara: para una pronta actuación se requiere la participación de los territorios beneficiados por la transformación. Y en este punto, se pone de manifiesto abiertamente cuál es el objetivo final del proyecto: «... la obra de riego que se ejecuta ha de ser para regar y no para que las aguas se pierdan»[25]. No se trata sólo de la construcción de un pantano, sino de un cambio global en la producción agrícola, con la presencia del regadío en un amplio territorio. La estructura de la propiedad resulta crucial y, en una tierra con una gran implantación del latifundio, la transformación en regadío se presenta problemática y los terratenientes pasarán a ser figuras protagonistas de los acontecimientos. Su posición resultaba decisiva al tener que asumir una parte importante de las peticiones del Gobierno. Nadie ponía en duda que el pantano suponía un beneficio, pero… ¿en qué proporción revertía sobre los propietarios y qué compromisos estaban dispuestos a asumir?

Era necesario negociar, para lo que Ayuntamiento, Cámaras de Comercio y Agrícola y Gremio de Labradores designan una comisión que intente alcanzar los necesarios acuerdos, formando Amalio parte de ella[26]. Tras diversas gestiones exploratorias, la comisión se reúne con los propietarios de terrenos de la zona regable presentando diversas opciones, pero estos se mostraron reacios a contraer compromisos. El fantasma del fracaso de la empresa sobrevolaba el escenario.

Llegado este punto, Amalio no dudará en defender, tanto en sus escritos en prensa como ante las autoridades del Gobierno, la necesidad de intervenir en caso de no alcanzar acuerdos, planteando la posibilidad de la expropiación forzosa, declarando la utilidad pública del riego. Dos artículos que se incluyen en este trabajo, *La raíz del mal* y *Pantano y expropiación* muestran sus argumentos en favor de esta opción que, claro está, no serían compartidos por todo el mundo.

Amalio «… se quedó pronto solo…», tal como él mismo dará cuenta años más tarde, en un sentido artículo, de título *Los riegos del Guadalcacín. Decíamos ayer…*, que recogemos también entre sus escritos, donde reivindica cómo, con el paso del tiempo, sus ideas se habían mostrado acertadas, siendo ahora defendidas por el presidente de la Junta de Colonización y Repoblación Interior, Vizconde de Eza[27].

Finalmente se alcanzaría un acuerdo con los propietarios de los terrenos de la zona regable, con lo que será posible la inclusión del Pantano en los planes del Gobierno (1906) y el comienzo de su construcción, quedando la presa coronada en 1910.

Digamos, para terminar, que la magnitud de las actuaciones que habían de acompañar al Pantano del Guadalcacín (canales de distribución, ensayos de cultivo, colonización…) supondría que su ejecución se dilatase en el tiempo, prolongándose durante más de medio siglo[28]. Amalio fallecerá en 1936, por lo que no llegaría a ver el final del proyecto, aunque permanecería siempre vigilante respecto a su evolución, trasladando a la opinión pública, a través de sus artículos, la necesidad de acelerar las actuaciones que permitieran completar los anhelados objetivos de esta obra.

No será hasta los años cuarenta cuando las aguas lleguen finalmente a los Llanos de Caulina; más de treinta años después de la finalización de la presa del Pantano. En paralelo, a lo largo de las décadas cuarenta y cincuenta se construirían en la zona nuevos núcleos de población que terminarían por estructurar la geografía actual de la Vega del Guadalete[29]. Hoy en día, la *Comunidad de Regantes del Guadalcacín* agrupa a 2.200 comuneros sobre una superficie regada cercana a las 11.000 ha[30].

FERROCARRIL DE LA SIERRA

Por lo que se refiere al otro gran proyecto de la vida de Amalio, el Ferrocarril de la Sierra o Ferrocarril de Jerez a Villamartín y Setenil, J.V.S., su objetivo primordial era remediar la falta de comunicaciones en la Serranía de Cádiz. Amalio decía: «No hay *Provincia de Cádiz* […] que no es "provincia" ese flojo aglomerado de pueblos desconectados […] no lo hay por carencia casi absoluta de comunicaciones. Es más difícil, más molesto, más costoso ir de Cádiz a Algodonales, a Za-

hara o Grazalema, que ir de Cádiz a la Corte»
(A. Sáiz de Bustamante, 1928, p. 7).

Aunque la comarca jerezana había sido pionera en el desarrollo del ferrocarril
en Andalucía, las únicas vías férreas exis-
tentes en Cádiz, a principios del siglo xx,
eran Sevilla-Cádiz y Bobadilla-Algeciras,
que bordeaban la provincia dejando el interior sin comunicación. La Serranía sufría el
señalado aislamiento. Por ello, cuando la re-
fundada Cámara de Comercio jerezana inicia
su vertiginosa actividad de principios de siglo,
prioriza esta iniciativa.

El dilema que se planteaba era que el Ferrocarril no podía construirse porque no había
ningún proyecto, y no se podía solicitar ningún proyecto a cargo del Estado porque este
trazado no estaba incluido en los planes del
Gobierno. En vista de ello, la Cámara opta-
rá por abordar los estudios que demostrasen
su viabilidad, acudiendo a la iniciativa privada
por medio de la constitución de una sociedad
anónima: la *Sociedad de Estudios del Ferrocarril de
Jerez a Villamartín y Setenil*. El entusiasmo que
genera el inicio de este proyecto se refleja en
el artículo titulado *Sursum corda*, que se recoge
entre los escritos de Amalio.

En agosto de 1901, se celebró la primera
Junta General de Accionistas, procediéndose
a la elección del Consejo de Administración,
del que Amalio será su secretario. La Sociedad conseguiría, no sin esfuerzo, llevar a cabo

los Estudios, pero finalizados estos, no terminaría ahí su protagonismo, ya que pasarían a asumir la responsabilidad de buscar la manera de llevarlo a ejecución.

El gran interrogante sería la fuente de financiación del ferrocarril. Ya tenemos proyecto, ahora... ¿quién lo hace? ¿Cómo atraer al capital privado? Y para ello, la Sociedad de Estudios, y muy especialmente Amalio, se verían abocados a emprender multitud de negociaciones, para ver cómo se frustraban cuando creían haber llegado a la cima. La sociedad J.V.S. tuvo que sufrir la permanente inestabilidad de los Gobiernos de España y los continuos cambios legislativos, a los que tendrían que adaptarse para intentar que la ejecución del proyecto resultase atractiva.

Transcurrirían más de diez años sin conseguir la ansiada financiación y, en 1911, la sociedad se vería en la necesidad de presentar el proyecto a concurso, forzada por los cambios legislativos del momento, tal como resume Amalio en el artículo titulado *Del ferrocarril de Jerez á Villamartín* publicado en *El Guadalete* el 12 de agosto de 1917, que se presenta entre los escritos seleccionados. Pendiente de la *confrontación*, en que la División de ferrocarriles del Ministerio de Fomento debía revisarlo, el proyecto quedó archivado.

En 1914 todas las esperanzas se truncaron ante el estallido de la Gran Guerra: «¿Quién podría hablar de obras de paz y progreso en este caos tenebroso de ruinas y barbarie?» (A. Sáiz de Bustamante, 1928, p. 41).

Pero... años más tarde, en 1923, concurren una serie de hechos que provocan el despertar del J.V.S. Tiene lugar el pronunciamiento militar de Primo de Rivera, siendo una de las directrices de su Gobierno el fomento de la Obra Pública y así surgirá la opción de construcción de ferrocarriles por el Estado. No obstante, habrán de transcurrir cuatro años, una vez más con sus altibajos e incertidumbres, hasta alcanzar... *el año de la victoria* (1926), cuando se aprueba el Plan de Ferrocarriles de Urgente Construcción en el que está incluido el Ferrocarril a la Sierra. Este momento de júbilo está recogido por Amalio en el artículo titulado *Hacia la realización de un sueño antiguo*, publicado el 17 de enero de 1926 en *El Guadalete*, que se incluye en la selección de escritos.

Aunque... quedaban por librar algunas otras batallas. Una de ellas sería la estación de Jerez. Resulta que el Ferrocarril de la Sierra no tocaba Jerez, sino que en el proyecto aprobado finalmente su origen estaba en los despoblados terrenos de los Llanos de Caulina, a 6 km de la ciudad.

Amalio denuncia esta inconsistencia llamando la atención de la ciudadanía por medio de sus artículos en prensa[31] y conseguirá, con el apoyo del Ayuntamiento de la ciudad y la cooperación de los ingenieros P.M. González

Quijano y Francisco Castellón, que se revisase el proyecto y, gracias a ello, la renovación de la estación de viajeros de Jerez y la construcción del magnífico edificio actual, al que hacíamos mención en el inicio de este trabajo. Este es un legado del que hoy disfruta todo viajero que llega a la ciudad en tren[32].

En cuanto a la evolución posterior de las obras del ferrocarril, hay que decir que su construcción progresaba, pero... el curso de la historia no se detiene. En enero de 1930 Primo de Rivera se vio obligado a presentar su dimisión y, en abril de 1931, se proclama la Segunda República que deroga el Plan Urgente de Ferrocarriles. Las obras se retomarían en el segundo bienio republicano, pero haciendo frente a serias dificultades de financiación. Amalio nunca perdió las esperanzas, tal como se recoge en su artículo de la *Revista del Ateneo* del año 1932, titulado *Charla Ferroviaria*, que completa el conjunto de escritos presentados acerca del proyecto del Ferrocarril de la Sierra.

Pero... ¿quién puede predecir el futuro? Enseguida se producirán acontecimientos dramáticos: la Guerra Civil española y la Segunda Guerra Mundial que frustrarán el desarrollo del ferrocarril. Y, en la postguerra, difícilmente se podían asumir todas las actuaciones comprometidas. Necesitado el Estado de solicitar financiación exterior, será un Informe del Banco Mundial (1962) el que condenará definitivamente al Proyecto del ferrocarril (Rincón, 2012, pp. 159-170).

Sin embargo, las infraestructuras de la línea estaban prácticamente terminadas y, en gran parte, han conseguido sobrevivir a la etapa de abandono posterior. Hoy en día han sido recuperados 36,5 km del trazado, entre Puerto Serrano y Olvera, convertidos en la "Vía Verde de la Sierra"; habilitando así un recurso de uso turístico que es visitado por unas 300.000 personas al año, contribuyendo de esta forma a la comunicación y al desarrollo económico y social de la Serranía de Cádiz[33].

ACTIVIDAD POLÍTICA

En los primeros años del siglo XX, Amalio era ya una persona conocida y con una indudable repercusión en la vida jerezana, debido fundamentalmente a su compromiso con las actividades promovidas por la Cámara de Comercio y el Ateneo de Jerez. Estas circunstancias le llevarían a irrumpir en el escenario político. Como seguidamente detallaremos, Amalio participará en las elecciones a Cortes Generales de 1905 y, en un ámbito más local, en el Ayuntamiento de Jerez (1905-1909) y la Diputación Provincial de Cádiz (1909-1912). Esta implicación en la vida política se desarrolla en conexión con el Partido Republicano, aunque el vínculo de

Amalio con el partido presenta algunas características singulares.

Comencemos por referir los sucesos acontecidos ante la convocatoria de elecciones a Cortes de septiembre de 1905, que se produce tras la designación de D. Eugenio Montero Ríos como presidente del Consejo de Ministros, momento en que el Partido Liberal sustituye al Partido Conservador en el Gobierno de la Nación.

El 24 de agosto de 1905 aparece una escueta nota de prensa que constituye la primera noticia en la que se da cuenta de esta faceta de la vida de Amalio[34]:

> Candidato proclamado.- En la reunión celebrada anteanoche en Arcos de la Frontera, por los representantes de las Juntas Republicanas de esta circunscripción, quedó proclamada por unanimidad la candidatura de nuestro distinguido convecino y amigo D. Amalio Sáiz de Bustamante, para las próximas elecciones de Diputados a Cortes.

Tres días más tarde se recoge información más detallada, publicada en primera plana, con el título *La Candidatura del Sr. Sáiz de Bustamante*, en que se alaba la personalidad de Amalio y se defiende el buen hacer que desarrollaría en esa posición[35]. En el mismo número aparece una carta en la que Amalio puntualiza su papel en la candidatura —incluida entre los textos seleccionados —, que muestra claramente la singularidad de esta.

El Partido Republicano ratificará su apuesta por la designación de Amalio, que será defendida públicamente por sus líderes, muy especialmente José Barrón y Moreno Mendoza[36]:

> ...el partido republicano de la circunscripción, rompiendo los viejos y estrechos moldes de nuestra política que exigían al candidato una larga historia, presenta a D. Amalio Sáiz de Bustamante, que aun cuando republicano, no ha militado en sus filas y lo presenta porque es un hombre íntegro, digno, independiente, sabio y amantísimo de esta comarca habiéndose preocupado hondamente de los graves problemas que le afectan...

Llegado el día de la votación (10 de septiembre) se vive una actividad inusitada y, finalizada la jornada electoral, los resultados mostraron un amplio triunfo de Amalio en la ciudad de Jerez, consiguiendo 1.382 votos frente a los obtenidos por los candidatos de los partidos dinásticos: los liberales Duque de Almodóvar del Río (987) y D. Manuel A. de la Riva (944) y el conservador D. Miguel López de Carrizosa y Giles, Marqués de Mochales (926).

El Guadalete, al día siguiente, dedica un extenso editorial comentando el resultado de las elecciones, que titula *La derrota del caciquismo*[37]:

El triunfo indiscutible de la candidatura del Sr. Sáiz de Bustamante, alcanzado en la lucha electoral de ayer, es un acto de tal importancia y encierra tantas enseñanzas, que merece ser tratado bajo muy varios y distintos aspectos; por hoy solo podemos mirarlo como la derrota del caciquismo local en su más levantado baluarte…

Pero… otra cosa sería lo que ocurriera en los pueblos[38]. En muchos de ellos se registrarían serias irregularidades en los recuentos, que falsearían el resultado electoral, relegando a Amalio al cuarto lugar, dejándole fuera de la lista de diputados a Cortes[39].

Con posterioridad a las elecciones, Amalio agradecerá el voto a sus electores en un manifiesto donde decía[40]:

> No importa que las trapacerías de la política caciquil haya ahogado en los pueblos la candidatura; eso no decide más que del acta: y del acta *de hoy* […] Y en cuanto a mí, solo quiero deciros que, libre de la pesada carga que vuestra benignidad quiso arrojar sobre mis hombros […] tal vez pueda servir vuestros intereses mejor que en aquellas alturas […] ¡Electores! ¡Viva Jerez!

Sin duda esto es un avance de lo que habría de suceder después ya que en breve se producía la convocatoria de las elecciones municipales parciales que debían renovar a la mitad de los concejales del Ayuntamiento.

Amalio se presentará formando parte de la candidatura conjunta de republicanos e independientes. El día 10 de noviembre de 1905 se celebra un mitin, en el Teatro Eslava, para proclamar dicha candidatura. En él pronunciarían discursos José Barrón y Manuel Moreno Mendoza, leyéndose una carta de Amalio —dirigida a Fermín Aranda[41]— que recogemos entre los escritos seleccionados.

Las elecciones tuvieron lugar el día 12 de noviembre, consolidándose la victoria republicana en Jerez[42]. Así, Amalio resultó elegido concejal, permaneciendo en el cargo durante el periodo reglamentario hasta 1909[43].

Seguidamente, ese mismo año, sería proclamado diputado provincial junto a los Sres. D. José Barrón, D. Vicente Romero Corona (los tres presentados por el partido republicano) y D. Mariano Goytia (presentado por el partido liberal). El ejercicio como diputado provincial se prolongará durante el periodo legislativo 1909-1911, terminado el cual, no tenemos constancia de que Amalio siguiera en puestos de representación institucional[44]. De hecho, algunos años más tarde, allá por el otoño de 1923, cuando se había producido el acceso al poder de Primo de Rivera y a punto de comenzar la 2ª etapa del J.V.S., Amalio haría pública manifestación de retiro de la política activa, señalando: «En el saloncillo del casino, donde al amor de la lumbre tan calurosas batallas se reñían sobre cien temas diversos

—señaladamente los que el reglamento vedaba— [... el viejo secretario] desde el altozano solitario en que políticamente vivía...»[45].

Por último, indiquemos que encontramos otras aportaciones de Amalio donde se vierten algunas reflexiones de carácter político, entre las que podemos señalar sus artículos del *Boletín de la Cámara de Comercio* con motivo del fallecimiento del Duque de Almodóvar del Río, líder del Partido Liberal de Jerez[46]; o del cese en 1909 de Antonio Maura, líder del Partido Conservador y presidente del Consejo de Ministros, motivado por los sucesos de la Semana Trágica de Barcelona[47]. En este trabajo se ha seleccionado el artículo *Tolerancia,* publicado con motivo de las bodas de diamante del diario *El Guadalete* donde podemos *escuchar* su opinión sobre el papel de la prensa en el debate político, avanzada ya en el título[48].

HOMENAJES

Para terminar, mencionaremos que la labor desarrollada por Amalio a lo largo de su vida llevó a que sus conciudadanos y las instituciones jerezanas quisieran agradecérselo públicamente en repetidas ocasiones. Aunque fuese reacio a estas muestras de reconocimiento, finalmente habría de aceptarlo; y aquel niño, nacido en Queveda y llevado a

Jerez de la Frontera por sus padres con pocos años de edad, sería objeto del homenaje de sus convecinos.

En 1926, durante la Dictadura de Primo de Rivera, el Ayuntamiento de Jerez aprueba por unanimidad nombrar a los consejeros de la Sociedad de Estudios del Ferrocarril *Hijos esclarecidos de Jerez de la Frontera* y, a los no nacidos en la ciudad, como es el caso de Amalio, *Hijos adoptivos*[49].

En 1932, en el primer bienio republicano, el Ayuntamiento aprueba rendir Homenaje público al *ciudadano ejemplar Amalio Sáiz de Bustamante*[50], lo que se llevaría a cabo el día 12 de octubre de ese año, momento en que tendrá lugar la colocación de la placa de la estación de ferrocarril con la que se ha comenzado este estudio. La prensa le dedicaría estas palabras:

> A don Amalio Sáiz de Bustamante le ha correspondido, en esta gran empresa, el magnífico papel de luchador tenaz e inteligente, de poseedor de la fe; fe en la grandeza del propósito, fe en las ideas justas y beneficiosas para los pueblos y para el interés general [...] veremos siempre, durante 35 años a don Amalio pleno de confianza, en alto su bandera, laborando en el Ateneo, en la Cámara de Comercio, en la prensa, en el libro, en los centros oficiales...[51]

Así… quedaría Amalio como «venerable figura señera y representativa de toda una generación jerezana» (García, 1932, p. 63).

Amalio falleció el 8 de junio de 1936, habiendo visto cumplidos parte de sus sueños.

BIBLIOGRAFÍA

ARAMBURU-ZABALA HIGUERA, M. Á. y SOLDEVILLA ORIA, C. (2013). *Jándalos - Arte y Sociedad entre Cantabria y Andalucía*. Santander: Universidad de Cantabria.

CABRAL CHAMORRO, A. (1986). *La Cámara de Comercio en la crisis y reconversión de la economía jerezana: 1886-1900*. Jerez de la Frontera: Cámara de Comercio e Industria de Jerez de la Frontera y Editoriales Andaluzas Unidas, S. A.

CARO CANCELA, D. (2022). *República y republicanos en Jerez de la Frontera (1789-1923)*. Tierra de Nadie Editores.

CUADROS TRUJILLO, F. (2012). «La estación de ferrocarril de Jerez de la Frontera: un proyecto del ingeniero Francisco Castellón Ortega». *Atrio*, 18, 107-122.

GARCÍA FIGUERAS, T. (1932). «D. Antonio Gallegos Sánchez: Presidente de Honor del Ateneo». *Revista del Ateneo*, 59, 61-64.

GIL SAURI, M. Á. (2009). «Ingeniería y Matemática en España en la primera mitad del siglo xx: Pedro Miguel González-Quijano». *La Gaceta de la RSME*, 12 (4), 751-772.

GONZÁLEZ QUIJANO, P. M. (1916). «Alrededor del pantano». *Revista de Obras Públicas*, 64 (2108), 78-80.

MARISCAL TRUJILLO, A. (2011). *Jerezanos para la historia: siglos XIX y XX*. Jerez de la Frontera: Tierra de Nadie Editores.

RINCÓN MILLÁN, J. (2012). *La antigua línea de ferrocarril Jerez-Almargen: Su reconversión en Camino Natural* (Tesis Doctoral). Universidad de Sevilla.

RODRÍGUEZ DOBLAS, M. D. (1989). *Instituto Padre Luis Coloma: 150 años de historia*. Jerez de la Frontera: Biblioteca de Urbanismo y Cultura. Ayuntamiento de Jerez.

RODRÍGUEZ GAYTÁN DE AYALA, A. (1990). «Elecciones y élites parlamentarias en Cádiz: 1903-1923». *Espacio Tiempo y Forma. Serie V, Historia Contemporánea*. 3(1), 265-290. doi: 10.5944/etfv.3-1.1990.2710

RUIZ MATA, J. (2011). *Breve historia de Jerez de la Frontera*. Jerez de la Frontera: Tierra de Nadie Editores.

RUIZ DE VILLEGAS HERRERA, I. (2009). «Montañeses de Jerez». *ASCAGEN* 2, 11-39.

SÁIZ DE BUSTAMANTE, A. (1899). *De las Desigualdades Sociales*. Jerez de la Frontera: Imprenta de «El Guadalete».

SÁIZ DE BUSTAMANTE, A. (1928). *J. V. S. (1901-1927). Memoria*. Madrid: Talleres Voluntad.

SÁIZ DE BUSTAMANTE, P. (2022). *Un polifacético montañés en la historia de Jerez. Amalio Sáiz de Bustamante*. Tierra de Nadie Editores.

SÁNCHEZ GÓMEZ, M. A. (2019). «Dinero viajero. Censos hipotecarios y emigración, un binomio inseparable en la Cantabria del siglo XVIII». *Trocadero*, 31,149-174.

SÁNCHEZ MARTÍNEZ, F. (2021). *Historia Ferroviaria de Jerez de la Frontera*. Jerez de la Frontera: Tierra de Nadie Editores.

TORIBIO RUIZ, R. M. (1981). *El Ateneo Jerezano*. Jerez de la Frontera. Centro de Estudios Históricos Jerezanos.

NOTAS

(1) El padre de Juan José y abuelo de Amalio, Ángel Sáiz de Bustamante Fernández del Campo, era natural de Silió, Valle de Iguña. Es tras su matrimonio con M.ª del Carmen Huelga González-Castañeda, natural de Queveda, cuando se traslada a dicha localidad. En Silió se puede seguir la línea ascendente paterna de la familia Sáiz de Bustamante. El trastatarabuelo de Amalio, Juan Sáiz de Bustamante, aparece en el Catastro de Ensenada de Silió (1753) y los Padrones del Valle de Iguña (Real Chancillería de Valladolid) permiten seguir la línea familiar hasta el siglo XVII.

(2) De hecho, las primeras referencias disponibles en la prensa acerca de Amalio corresponden a su presencia en un almuerzo homenaje ofrecido al escritor don José María de Pereda por parte de la colonia montañesa de Jerez de la Frontera (*El Guadalete* 26-5-1896).

(3) Amalio comienza su artículo recordando sucesos ocurridos durante su estancia en Santander en el verano de 1900. En agosto de ese año fue cuando tuvo lugar, en la plaza de toros de Santander, la *Fiesta Montañesa* que, organizada por el *Orfeón Cantabria*, constituyó un evento de gran resonancia.

(4) El Colegio de San Juan Bautista fue fundado por disposición testamentaria de D. Juan Manuel Sánchez López de la Torre, nacido en Ruiloba en 1756. (M.D. Rodríguez, 1989; Aramburu-Zabala, 2013, pp. 201-205).

(5) Entre los compañeros de promoción encontramos a Antonio Gallegos y Sánchez, futuro Ingeniero de Caminos, con quien Amalio compartirá muchas

inquietudes y actividades a lo largo de su vida. (Archivo-Museo IES Padre Luis Coloma).

(6) Archivo Histórico Nacional. UNIVERSIDA-DES, 4.716, Exp. 12.

(7) Luis Silvela de Le Villeuze era catedrático de Derecho Penal en la Sección de Derecho Civil y Canónico.

ÁLVAREZ, C. Y DÍAZ RICO, J. C. (2021). *Silvela y de Le-Vielleuze*, Luis. Diccionario de Catedráticos españoles de Derecho (1847-1984). https://humanidades-digitales.uc3m.es/s/catedraticos/item/15207.

VELASCO SÁNCHEZ, J. T. *Luis Silvela y de le Vielleuze*. DBe-RAH.

(8) Gumersindo de Azcárate Menéndez fue Catedrático de Legislación Comparada. Sería el presidente del Tribunal evaluador del examen de Grado de Licenciatura de Amalio, tal como se detalla en su expediente académico (Archivo Histórico Nacional).

HERNANDO SERRA, M. P. (2021). *Azcárate Menéndez, Gurmensindo José*. Diccionario de Catedráticos españoles de Derecho (1847-1984). https://humanidadesdigitales.uc3m.es/s/catedraticos/item/14048.

ANES Y ÁLVAREZ DE CASTRILLÓN, Rafael. *Gumersindo José de Azcárate Menéndez*. DBe-RAH.

(9) La irrupción de Amalio en el escenario público, y su posterior actividad, viene a coincidir prácticamente con el periodo correspondiente al reinado de Alfonso XIII.

(10) Incluso la Iglesia Católica participará en el debate. La encíclica *Rerum Novarum*, promulgada por el papa León XIII en 1891, expone claramente la naturaleza del conflicto. La Comisión de Reformas Sociales, fundada a finales de siglo, sería el primer intento de abordar oficialmente la *cuestión social*

en España. En ella estarían representados tanto los dos partidos dinásticos, liberal y conservador, como el partido republicano.

(11) Es en estos años cuando se publican las obras clave de Joaquín Costa: *Colectivismo agrario en España* (1898) y *Oligarquía y caciquismo como la forma actual de gobierno en España* (1902).

(12) La *Revista del Ateneo* comenzaría a publicarse en 1924. En ella aparecerían diversos trabajos de Amalio: *El Ferrocarril de la Sierra* (1925, núm. 12); *El acueducto de La Florida* (1925, núm. 14); *Pasa la Tierruca* (1926, núm. 18); *Una Revolución Incruenta* (1926, núm. 28); *Charla Ferroviaria. No se puede seguir ni se puede parar* (1932, núm. 58) y *Latifundios* (1932, núm. 60).

(13) Manuel Antonio de la Riva y Pomar, fundador de la casa exportadora de vinos de Jerez *M. Antonio de la Riva S.A.*, nació en Ruiloba (Cantabria) en 1838 (Ruiz de Villegas, 2009, p. 36).

(14) *El Guadalete* 27-4-1924.

(15) Antonio Gallegos sería uno de los hombres destacados en las actividades que fueron seña de identidad de la generación de Amalio. Se tituló como Ingeniero de Caminos, Canales y Puertos en 1894 y, destinado en la Jefatura de Obras Públicas de Cádiz, comenzaría a ocuparse de los asuntos de la región jerezana, y especialmente de sus comunicaciones con la Sierra (García, 1932).

(16) Para una revisión más detallada de estos proyectos, puede consultarse P. Sáiz de Bustamante, 2022.

(17) COSTA, J. Asamblea de agricultores celebrada en Barbastro (1892). Recogido en el Prólogo del Tomo I de las Actas del *1.er Congreso Nacional de*

Riegos (Zaragoza, octubre 1913), Zaragoza. Tipografía de G. Casañal (1914).

Recuperado de https://bibliotecavirtual.aragon.es/i18n/catalogo_imagenes/grupo.cmd?path=3706399

(18) Juan Manuel Sánchez y Gutiérrez de Castro, Duque de Almodóvar del Río (Jerez de la Frontera, 15 de diciembre de 1850-Madrid, 23 de junio de 1906). En el momento que narramos, el Duque acababa de ser nombrado Ministro de Estado por segunda vez, ya que con anterioridad lo había sido entre mayo de 1898 y marzo de 1899. RAMOS ROVI, M. J. *Juan Manuel Sánchez y Gutiérrez de Castro*. DBe-RAH.

(19) Tanto el Guadalete como el Majaceite, su principal afluente, nacen en la Sierra de Grazalema, por la que discurren en su tramo alto para confluir, una vez que salen de la Serranía, en Junta de los Ríos (Arcos de la Frontera). En su tramo bajo, el Guadalete riega un extenso territorio de la campiña jerezana antes de desembocar en El Puerto de Santa María, en la bahía de Cádiz. Los Llanos de Caulina, por su parte, se sitúan en la proximidad de Jerez, en su zona nordeste. En los tiempos que estamos refiriendo, no existía ningún embalse que regulase el curso de los ríos, estando su caudal a merced de las condiciones impuestas por la meteorología.

(20) *El Guadalete* 11-6-1919.

(21) La comisión estaba formada por el alcalde de Jerez (D. José Oronoz), los presidentes de las Cámaras Agrícola y de Comercio (D. Fernando García Gil y D. Manuel C. González Soto, respectivamente), el presidente de la sociedad de carpinteros, en representación de las sociedades obreras, (D. José Ramos) y D. Amalio Sáiz de Bustamante,

como secretario del Ateneo y contador de la Cámara de Comercio (*El Guadalete* 3-7-1901).

(22) Pedro Miguel González-Quijano y Díaz-Quijano nació en Jerez de la Frontera el 23 de abril de 1870. Cursa los estudios de Ingeniería de Caminos, Canales y Puertos que finaliza en 1894. Por su trabajo relacionado con el Pantano del Guadalcacín recibirá el Premio a la Construcción, concedido por el Consejo de Obras Públicas en 1919. Será elegido académico de número de la Real Academia de Ciencias en 1924 (Gil, 2009).

(23) *Gaceta de Madrid*: núm. 117, de 27 de abril de 1902, pp. 432-436.

(24) Amalio formaría parte de la comisión organizadora del mitin, aunque no asistiría al mismo, ya que ese mismo día fallecía su padre. Al día siguiente tendría lugar el sepelio, que fue presidido por el exministro de Agricultura D. Rafael Gasset «que quiso rendir esta prueba de afecto y consideración a quien ha sido el principal organizador del mitin», acompañado por el alcalde de Jerez Sr. González Hontoria, el presidente del Ateneo D. Manuel de Bertemati y los presidentes de las Cámaras de Comercio y Agrícola, Marqués de Bonanza y Sr. García Gil. El Guadalete 14-4-1903.

(25) F. de Carvic, redactor del *Diario Universal* de Madrid y secretario particular del ministro de Agricultura, Conde de Romanones, subrayaría este aspecto. Reseña recogida en *El Guadalete* de 3 de agosto de 1905, sobre el artículo publicado en el *Diario Universal* de Madrid.

(26) La Comisión quedaría formada por las siguientes personas: por el Ayuntamiento, además del Alcalde, los Sres. D. Germán Álvarez Algeciras, D. Julio González Hontoria, D. Luis López

de Carrizosa y D. Manuel Coloma. Por parte de la Cámara de Comercio D. Manuel A. de la Riva, el Sr. Marqués de Bonanza, D. Antonio Gallegos y D. Amalio Sáiz de Bustamante. Por la Cámara Agrícola D. Pedro Guerrero, D. Leopoldo Larragán, D. Francisco Picardo y D. José García Leaniz y por el Gremio de Labradores D. Fernando García Gil, D. Ramón Guerrero, D. Sebastián Orbaneja y D. Manuel García Pérez (*El Guadalete* 22-9-1903).

(27) *El Guadalete* 11-4-1926

(28) Las dificultades que acompañaron a la finalización de las obras complementarias del Pantano y la colonización de los terrenos regables pueden consultarse en P. Sáiz de Bustamante, 2022, pp. 160-177.

(29) Los nuevos núcleos de población y asentamientos fueron: El Torno, Torrecera, Nueva Jarilla, Guadalcacín, Estella, La Barca de la Florida, Majarromaque, San Isidro del Guadalete, La Ina, Vegas de Arcos y Torremelgarejo.

(30) Comunidad de Regantes del Guadalcacín. http://crguadalcacin.es/

(31) *El Guadalete* 26-6-1927, 29-6-1927 y 10-7-1927.

(32) El proyecto definitivo de la estación sería redactado por el ingeniero Leonardo Nieva, quien respetaría el anteproyecto de Castellón en cuanto al edificio de viajeros. (Cuadros, 2012) y (F. Sánchez, 2021, pp. 231-242). La estación de ferrocarril está incluida en el catálogo del Patrimonio Histórico Andaluz con número de referencia IAPH i9614 (código 01110200033).

(33) La Vía Verde de la Sierra está reconocida como Ruta de Interés Turístico de Andalucía y laureada con varios premios europeos a la excelencia en Vías Verdes. La iniciativa sigue su curso ya que, en

la actualidad, se contempla su prolongación para llevar a cabo la conexión entre Jerez y Puerto Serrano.

(34) *El Guadalete* 24-8-1905.

(35) *El Guadalete* 27-8-1905.

(36) *El Guadalete* 9-9-1905

(37) *El Guadalete* 11-9-1905.

(38) El Censo electoral para diputados a Cortes por la provincia de Cádiz dividía a ésta en dos circunscripciones, Cádiz y Jerez de la Frontera, que elegía cada una tres diputados, y en cuatro distritos que elegían un diputado cada uno. La circunscripción electoral jerezana incluía, además de la ciudad de Jerez, las poblaciones de: Algar, Alcalá de los Gazules, Arcos, Bornos, Chipiona, Prado del Rey, Paterna, Sanlúcar de Barrameda, Trebujena y Villamartín (A. Rodríguez, 1990).

(39) Las irregularidades electorales estuvieron acompañadas de incidentes, algunos tan graves como los ocurridos en la localidad de Trebujena, donde se produjeron varios heridos y un fallecido. Estos hechos tendrían eco en la prensa nacional y en el Congreso de los Diputados donde, al plantearse la aprobación de las actas de Jerez, se registraría un encendido debate entre diputados de la minoría republicana y de la mayoría monárquica (Caro, 2022, pp. 313-330).

(40) *El Guadalete* 14-9-1905.

(41) Fermín Aranda y Fernández-Caballero (Jerez de la Frontera, 1866-1946) fue un destacado dirigente del Partido Republicano de Jerez. (Mariscal, 2011, pp. 28-30).

(42) De los veinticinco candidatos que se presentaban, trece lo hacían por la candidatura conjunta de republicanos e independientes y doce lo hacían por

los liberales. Los primeros no solo salieron triunfantes, sino que sus trece candidatos fueron los más votados en todos los distritos. (*El Guadalete* 13-11-1905 y 18-11-1905).

(43) Guías oficiales de Jerez de la Frontera 1906-1909. (Biblioteca Municipal de Jerez de la Frontera).

(44) Libro de Actas (Archivo de la Diputación Provincial de Cádiz).

(45) A. Sáiz de Bustamante, 1928, p. 45.

(46) *Boletín de la Cámara Oficial de Comercio* (Junio, 1906). Año III, n° 30.

(47) *Boletín de la Cámara Oficial de Comercio* (Octubre, 1909). Recogido en *El Guadalete* 10-11-1909.

(48) *El Guadalete* 6-4-1927.

(49) Actas Municipales de Jerez de la Frontera de 22 de enero de 1926.

(50) Actas Municipales de Jerez de la Frontera de 23 de enero de 1932. La placa y el medallón en bronce que reproduce la efigie de Amalio Sáiz de Bustamante fue obra de D. Antonio Bravo Bozanes, profesor de la Escuela de Artes y Oficios de Cádiz (*El Guadalete* 13-10-1932).

(51) *Revista España y América* (Agosto, 1933). Año XXII, n° 252, p. 86.

Escritos

AMALIO SÁIZ
DE BUSTAMANTE
Y GARCÍA

Se ha respetado la ortografía original de los textos.

Amalio fue un escritor polifacético, que abordó muy diversos temas. Muchos de sus escritos fueron divulgados por la prensa, siendo colaborador habitual de *El Guadalete, La Agricultura Bética*, el *Boletín Oficial de la Cámara de Comercio de Jerez de la Frontera* o la *Revista del Ateneo*. Además, algunos otros fueron publicados como obras independientes como es el caso de su primera conferencia impartida en el Ateneo, *De las desigualdades sociales*, las *Memorias Reglamentarias* del Ateneo, correspondientes a su etapa como secretario general de la entidad y el libro *J.V.S. (1901-1927) Memoria,* donde se detalla la andadura y peripecias del Ferrocarril de la Sierra.

Los escritos se distribuyen a lo largo de un extenso periodo temporal que abarca desde 1899 hasta 1932. En ellos, Amalio muestra un espíritu inquieto, pendiente de los sucesos de índole nacional e internacional que percibe con dotes de agudo observador; deja entrever una vasta cultura, conocedor tanto de las obras de los pensadores clásicos como de las corrientes ideológicas del momento; todo ello plasmado en un lenguaje atrayente, directo en sus juicios, y, en un buen número de ocasiones, acompañado de una personal ironía. Siguiendo sus trabajos, podemos revivir una parte muy relevante de los sucesos acaecidos en el primer tercio del siglo XX.

En esta obra se presenta una selección de sus escritos donde se recogen los hechos más destacados de su vida. Se han dividido en seis secciones: Cuestión Social, Cámara de Comercio, Pantano del Guadalcacín, Ferrocarril de la Sierra y Actividad Política, para finalizar con un último trabajo de carácter costumbrista, con el título *Pasa La Tierruca*.

PRIMERA SECCIÓN: CUESTIÓN SOCIAL

Esta primera sección incluye textos ligados a la actividad ateneísta de Amalio en los primeros años de andadura de la institución cuyo contenido refleja su pensamiento, próximo al regeneracionismo y volcado en la necesidad de solucionar los problemas sociales del momento.

De las desigualdades sociales es la transcripción de la Conferencia impartida en el Ateneo el 21 de enero de 1899, que supone la primera aparición pública de Amalio. Aquí se manifiestan, por primera vez, algunas de sus ideas sobre este importante tema, que considera «raíz y origen del pavoroso problema»: la cuestión social.

Tras un repaso sobre las desigualdades sociales a través de la Historia, Amalio se pregunta sobre cómo corregirlas. ¿Caridad del rico y resignación del pobre? ¿Ineficaz organización de la Sociedad? Seguidamente dibuja un esbozo de las nuevas doctrinas sociales, invitando a su conocimiento «sin desdén y sin miedo», para indicar su convencimiento de que la reforma social únicamente podrá alcanzarse por medio de la reforma del individuo, sólo factible por medio de la educación. También en esta conferencia Amalio hace pública declaración de su confesionalidad cristiana, aunque apresurándose a precisar su repudio de los convencionalismos hipócritas.

El segundo escrito presentado en esta sección, *Problemas Nacionales*, constituye la transcripción de la conferencia leída en el Ateneo, el día 17 de febrero de 1900, como introducción a un ciclo que, con ese mismo título, se impartiría con la participación de otros oradores. Aquí los *Problemas Nacionales* se clasifican en sus vertientes económica, pedagógica y jurídico-social. Amalio censura la pasividad de la sociedad para resolver estos problemas a pesar de las oportunidades que ofrece la Nación: «... todo eso es nuestro y está a nuestro alcance [...] si no queremos [...] el siguiente afrentoso epitafio: vivieron en la miseria y se murieron de hambre sobre un inmenso tesoro».

Se mostrará especialmente crítico al repasar la desatención que la educación recibe en España y, recordando a Jovellanos, insistirá en la necesidad de su reforma como germen de toda solución.

Por último, en este mismo bloque, incluimos un artículo aparecido en el diario *El Guadalete* con el título *En torno al gran problema*, que no está directamente ligado a la actividad ateneísta de Amalio, pero donde se insiste sobre la misma problemática recogida en los artículos anteriores. Aquí se refleja la existencia de una cierta reacción por una parte de la sociedad jerezana a las ideas defendidas por Amalio, así como su respuesta a la misma, enfatizando la necesidad de actuación para resolver la *cuestión social.*

De las desigualdades sociales[1]

El autor cree conveniente hacer á sus amigos (únicos entre quienes habrá de repartirse el centenar de ejemplares que constituye esta edición) las siguientes

ADVERTENCIAS:

1ª - Que á pesar del natural deseo de dar á cada uno lo suyo, quedan aún en el discurso, sin indicación de su procedencia, algunas frases ajenas: frases leídas ó escuchadas no sabe dónde, ni cuándo.

2ª - Que á pesar de la declaración oficial de suficiencia, no sabe bastante latín para leer directamente algunas obras citadas: al reproducir, pues, sus palabras lo hace bajo la fe que le merece la competencia y la honradez literaria de los traductores.

El Autor

Señores:

Ocupo esta tribuna, á la cual voluntariamente nunca hubiera llegado, por el respeto que me inspira alguien á quien vosotros respetáis y admiráis tanto como yo. Suya y no mía debe ser la responsabilidad de las molestias que os cause mi incompetencia en el asunto, tampoco voluntariamente elegido, de la cuestión social.

Efectivamente; que la cuestión social sea una *cuestión de estómago*, como con lenguaje un tanto naturalista dice Schaffle, que sea una cuestión moral como quieren muchos, que sea una cuestión jurídica como pretenden otros, yo no tengo autoridad ni como economista, ni como filósofo, ni apenas como jurisconsulto para terciar en el debate: si tercio, pues, lo hago como un disciplinado ateneísta que acata resignado los mandatos de sus superiores jerárquicos en esta casa. Pero protestando lealmente, con toda sinceridad, que no habéis de hallar en mí, ni una solución más ó menos utópica, ni un átomo de doctrina, ni una idea rigurosamente original.

Hé aquí por qué coloco á la cabeza de mi disertación las palabras que un ilustre ingeniero italiano escribía con bien distinto motivo, pero que condensan exactamente mis propósitos: *«Io ho meno in mente di persuadere, che di far pensare».* Yo efectivamente no tengo el propósito de convenceros ni de persuadiros de nada; intento sólo, que penséis conmigo durante una hora en las desigualdades sociales, raíz y origen del pavoroso problema.

Deben, los que de buena fe se dedican al estudio de la Historia, sufrir grandes desalientos y amargas tristezas: yo de mí sé deciros que, acaso por no haber profundizado bastante en el examen de las leyes que rigen el desarrollo de la Humanidad, he sentido más de una vez vacilar mi fe en la perfectibilidad y en el progreso del humano linaje. Choques sangrientos, luchas sin tregua, tiranías y envilecimientos, abismos de odios y de venganzas. Esta es la Historia, largo catálogo de las desdichas humanas, triste inventario de todas las injusticias y de todas las iniquidades.

Si alguna vez este cuadro de sombras y desolación parece embellecerse con tal cual fugitivo período de calma, ó con la luz que sobre él proyecte la doctrina de un grande hombre que predica la paz y el amor, bien puede asegurarse que es aquél, como microscópico oasis que hace parecer el desierto más triste y solitario y tenebroso, y que la llama del genio, para decirlo con la frase de un escritor, solo alumbra la triste noche de la Historia «como iluminan las ruinas los siniestros resplandores del incendio».

No he de referiros estas luchas cuya historia es la historia entera de la Humanidad; la conocéis mejor que yo: pero permitid que os diga que adonde quiera que volvamos los ojos encontraremos el mismo espectáculo: dos grupos de hombres peleando como lobos hambrientos, por la posesión del mezquino pedazo de pan que, sólo á costa de grandes esfuerzos entrega la avara Naturaleza: hé aquí la cuna de nuestras desdichas, la raíz de nuestros infortunios: el vencedor se apodera de todo, el vencido se queda sin nada y á merced del vencedor; surgen las enormes desigualdades entre los hombres: la fuerza ó la astucia las crea, el derecho las legitima, las religiones las consagran; aparece el disfrute de todos los goces junto al sufrimiento de todas las penalidades, el hambre al lado de la hartura, el lujo enfrente de la miseria, luchando eternamente por destruirse y engendrándose eternamente. Así nacen las castas y las clases y la esclavitud y la servidumbre: se clasifican los hombres en libres y esclavos, en patronos y clientes, en siervos y señores, en pobres y ricos: así vemos brotar esa planta maldita de las desigualdades sociales á las orillas del Ganges sagrado y en las riberas del fecundo Nilo, bajo los pórticos del Partenón y en las laderas del Taigeto, sobre las siete colinas de la ciudad dominadora del mundo y á las plantas del castillo señorial y del convento cristiano: crecer y desarrollarse, bajo el régimen de las teocracias orientales, y en la democrática Atenas y en la aristocrática Esparta y en la conquistadora y guerrera Roma, y en la cristiana Edad Media y en la revolucionaria y demoledora Edad Moderna: vencer y triunfar siempre de las doctrinas de los filósofos y moralistas, de los violentos embates de las revoluciones populares, de las misericordiosas predicaciones de Budha, de la Biblia, del Corán y del Evangelio. Siempre y en todas partes opresores y oprimidos, hartos y hambrientos, desigualdad y contraste.

Un ligerísimo recuerdo bastará á demostrarlo: viven los bracminas y los nobles indios rodeados de todos los prestigios, amparados de todos los derechos, con un fausto, un esplendor y unas riquezas, que al decir de un historiador causaron la admiración de los compañeros de Alejandro; en tanto el desventurado *soudra* y el más que desventurado *paria*, arrastran trabajosamente la existencia, execrados como malditos de Dios, manchando cuanto toca su sombra, haciéndose reos de muerte por el enorme delito de aproximarse á un guerrero ó de posar sus ojos pecadores en los sagrados libros de los Vedas, víctimas, en fin, de todos los desprecios y de todas las humillaciones.

Trescientos cincuenta mil esclavos que arrastran sus cadenas por el suelo de la *libre* Ática, oyen de labios del más grande de los trágicos, que los esclavos no tienen dioses y aprenden del más grande de los filósofos que se diferencian de los ciudadanos como el cuerpo del alma, como el bruto del hombre; mientras la *severa* Esparta, la que había proclamado á la cabeza de sus leyes «la libertad es el bien supremo de las sociedades civiles», organizaba cacerías de indefensos ilotas, de aquellos ilotas que al decir de Montesquieu «soportaban toda clase de trabajos fuera de la casa y toda clase de insultos dentro de ella», de aquella desventurada muchedumbre que regaba de esa manera «con su sangre el mismo campo que había hecho fecundo con sus sudores.» El desenfrenado egoísmo de un monarca, su completa insensibilidad para el dolor ajeno, hace surgir sobre las arenas del desierto, la orgullosa pirámide: es el mausoleo de un Faraón, la morada de un cadáver humano. Veinte años, según Herodoto, trabajaron 100.000 hombres en la construcción de la gran pirámide de Cheops: ¡100.000 hombres, realizando durante veinte años, esfuerzos sobrehumanos, agobiados bajo el látigo del capataz, escena frecuentemente reproducida en las pinturas egipcias, para levantar la tumba de un solo semejante, de su misma carne mortal! Con razón exclama el historiador inglés Jorge Rawlinson: «han logrado transmitir su nombre á remotas edades; pero sólo como tiranos y opresores, tienen para el mundo fama, pero fama de infames».

¿No bastan estos datos? Miremos la historia de Roma, de esa Roma cuyo Derecho nos han inducido á considerar como la «razón escrita»; ¿qué encontramos en ella? Encontramos una lucha inacabable entre dos clases por el disfrute de la fortuna pública: trescientos ciudadanos dando su vida por la ley agraria de Tiberio Graco: tres mil haciendo el mismo sacrificio por la reforma de *Cayo*; trescientos mil muriendo en la guerra social; un millón de desesperados inmolándose heroicamente en el altar santo de la dorada libertad, durante la guerra de los esclavos. Encontramos Emperadores divinizados, que salpican con polvo de oro las arenas del Circo y miserables gladiadores comprados para teñir con su sangre aquellas arenas y divertir al poderoso; patricios enriquecidos que tienen propiedades como reinos, y plebeyos menesterosos que venden para comer su voto ó su puñal; damas enloquecidas que disuelven perlas de Oriente en el vaso de sus amantes, y míseras esclavas, compelidas á comerciar con su honor para acrecer las rentas de sus señores; palacios maravillosos alzados sobre inmundas ergástulas, un puñado de Lúculos y Crasos que devoran en una cena la fortuna de una familia, y un hambriento enjambre de 300.000 indigentes socorridos diariamente por el tesoro de la ciudad.

Será en vano que los bárbaros arrasen hasta los cimientos el fastuoso edificio de la Roma imperial; en vano que desde la cima de una humilde colina de la Judea se proclame á la faz del mundo el principio de la fraternidad universal; la irritante iniquidad, triunfadora siempre, vuelve á retoñar á despecho de la renovación social, á pesar de la doctrina de Cristo.

El oprimido se llama ahora siervo de la gleba; adscrito al terruño, tiene en él la consideración del instrumento y son para otro hombre el fruto de sus sudores, el esfuerzo de sus brazos, el honor de sus hijas, su existencia entera, pues que de la vida del siervo sólo al Cielo debe cuentas el señor. Inútilmente pretenderán los oprimidos sacudir el ominoso yugo de la servidumbre, como los labradores ingleses del siglo xiii ó los aldeanos alemanes del xvi, alzándose contra sus expoliadores, sedientos de venganza, constituyendo «el ejército cristiano» ó «la hermandad del Evangelio» transformando las hoces y guadañas de sus campos en instrumentos de matanza y esterminio: vencidos siempre y arrollados por el poder de la disciplina social, la iniquidad dura y persiste llegando hasta el siglo xvii en Italia y en Inglaterra, hasta el xviii en Alemania y Francia, hasta nuestros mismos días en la autocrática Rusia que, con un decreto del Czar de Marzo del 61 pudo romper las cadenas de cincuenta millones de siervos.

Perdonad, señores, si abusando de vuestra bondad, os he hecho recorrer este largo vía-crucis de la dignidad humana, siempre atropellada y escarnecida: contentos podríamos apurar las amarguras de este triste examen, si al cabo la viéramos surgir esplendorosa del seno de tantas tinieblas, si la pudiéramos contemplar alzándose victoriosa y triunfante sobre las negras ruinas de tantas miserias.

Los tiempos pasados establecieron como ley fundamental de su existencia, la desigualdad y la injusticia, y lograron, como dice un historiador, que el hombre viera en cada semejante un extraño, en cada extraño un enemigo, en cada enemigo una presa: los pueblos del Norte con su culto de la personalidad humana, el Cristianismo predicando la igualdad de todos los mortales, hijos de un mismo Dios; la Revolución francesa proclamando los derechos del hombre, habrán destruido aquellas barreras infranqueables, alzadas entre hermanos por la tiranía de los unos y el envilecimiento de los otros: ya todos serán libres, todos iguales, todos hermanos. ¿Es esto cierto? Como cierto nos lo dan los preceptos de nuestras leyes, los discursos de los oradores, los escritos de los publicistas, las enseñanzas de las Universidades y sin embargo…

Hoy como ayer la miseria y la opulencia se cruzan en nuestras calles: la humanidad sigue siendo el compuesto de los que tienen más dinero que apetito y de los que tienen más hambre que dinero: pertenecen á unos el disfrute de las riquezas, los santos goces de la familia, las puras emociones de las ciencias y de las artes, el ejercicio de todos los derechos; mientras el hambre y la orfandad y la ignorancia y el envilecimiento constituyen fatalmente el amargo patrimonio de los otros.

Podrán las leyes de los pueblos cultos haber abolido el despotismo y los privilegios, pero los pobres no encuentran quien les haya redimido de la tiranía del hambre, «mil veces más insoportable que la tiranía de los reyes»; podrán haber reconocido todos los derechos, pero los pobres no encuentran quien les haya dado medios para ejercitarlos; podrán haber proclamado la igualdad, pero una triste experiencia les hace entender que no existe en la tierra ni la igualdad de la fosa; podrán haber consagrado la libertad, pero un átomo de la realidad que pesa más que todas las palabras de todas las lenguas, les hace comprender bien pronto que para ellos no existe más libertad que la de optar entre el mendrugo ó la muerte.

Hoy como ayer, los hombres aparecen divididos en dos grupos[2]: nacen los unos en medio del fausto y de la opulencia, siendo recibidos como una bendición del cielo; sabios maestros se encargan de dirigir su inteligencia por el camino de la verdad; un capital adquirido tal vez sin esfuerzos, les da el dominio del mundo y les liberta del anatema del Paraíso. Nacen los otros en medio de la miseria y de las privaciones; son recibidos con zozobra porque traen un problema insoluble al seno de la familia; aprenden de limosna, si los aprenden, los primeros rudimentos del saber humano; trabajan hasta la extenuación para conseguir un insuficiente pedazo de pan, y viven condenados á una miseria fatal é irremisible, sin más esperanza para la vejez que el pórtico de una iglesia para mendigar, el lecho del hospital para morir y un exiguo pedazo de tierra en la fosa común para descansar.

Sí, señores; á pesar de todas las teorías, á despecho de todas las declamaciones, vive entre nosotros el legítimo heredero del bracmina indio, del Faraón egipcio, del patricio romano y del señor feudal; y á su lado el desventurado sucesor del paria y del ilota, del obrero de las Pirámides, del esclavo y del siervo.

El mundo moderno puede justamente vanagloriarse de su riqueza y de su prosperidad. Se han dominado, hasta esclavizarlas, las energías de la Naturaleza; nuevos cultivos arrancan de la tierra extraordinarios rendimientos; complicados mecanismos multiplican maravillosamente la producción, las ciencias parecen haber investigado todas las leyes del Universo; las artes sorprendido todos los secretos de la belleza; es este, el fruto de los esfuerzos de cien generaciones, el capital acumulado por los siglos, la herencia de la Humanidad. Un hombre que nace en el seno de estas opulentas sociedades, parece tener el derecho de disfrutar estas conquistas debidas al trabajo, á los esfuerzos de sus antepasados, y sin embargo... pedirá cándidamente su parte en el caudal hereditario, y la sociedad le contestará que él pertenece al enorme montón de los *desheredados*; intentará aplicar las energías de sus músculos á un instrumento, á una máquina, y le harán entender que todas las máquinas y todos los instrumentos son de otro; tal vez improductivos y estériles, pero de otro; pretenderá aplicar su trabajo á la tierra y hallará *apropiada* toda la tierra productiva, y las leyes le cerrarán el paso diciéndole que la propiedad es sagrada é intangible; querrá instruirse y la inexorable ley de la necesidad le detendrá en el mismo dintel del recinto de la sabiduría; cansado de luchar, acaso interrogue á la religión: ¿no somos todos hermanos, hijos del mismo Padre? y la religión le contestará: «sufre y resígnate, esta vida no es la vida»;

quizás desesperado invoque el derecho á vivir, y la Filosofía le enseñará que el que no trae á la vida medios para conservarla, debe perderla; desfallecido y hambriento, mendigará un pedazo de pan y escuchará de labios de cualquier malthusiano, «debes morir, porque no hay cubierto para tí en el banquete de la vida».

¡Ah, señores! Yo sé muy bien que la injusticia de los unos no justifica el nefando crimen de los otros, pero tampoco ignoro que el hombre desesperado es la más temible de las fieras, y temo mucho que esos *condenados á muerte* de nuestras sociedades no encuentren francos más que dos caminos: ó el de engrosar las repletas filas de la legión del pauperismo buscando el bálsamo de sus dolores en su propio envilecimiento ó el de sumarse á esas hordas furiosas que fían la redención de sus sufrimientos á la hoz, al puñal ó la dinamita; y ¿es este el fruto de nuestra brillante civilización? ¿Dónde está el fondo religioso de nuestras sociedades, levantadas sobre la triple vergüenza del fusil, el presidio y el cadalso? ¿dónde el progreso intelectual y moral de nuestras grandes poblaciones, núcleo aparatoso ceñido por un anillo de ignorancia y de pobreza, nauseabundo vertedero de todas las inmundicias sociales? ¿dónde el tan decantado progreso económico en una organización que da por resultado el minero sin lumbre, el albañil sin hogar, el tejedor desnudo y el labrador hambriento?...

¿Pero es que no puede destruirse este desequilibrio que amenaza constantemente la estabilidad del edificio social? ¿Es que la miseria no tiene remedio, y si lo tiene, ¿dónde está? Hé aquí el problema.

Prescindiendo de tecnicismos peligrosos, huyendo cuanto sea dable de los aparatosos *ismos* del encasillado científico, sacrificándolo todo á la claridad, concretaré mi pensamiento diciendo que, como remedio al mal lamentado, apenas si los hombres han practicado sistemáticamente más que uno solo; *la limosna*: la limosna espontánea, fruto de la caridad privada: la limosna obligatoria, por medio de la Beneficencia pública.

Líbreme Dios de dirigir la menor censura al cumplimiento de estos piadosos deberes; yo sé que la caridad es esa hermosa virtud que seduce las almas, mueve los corazones, eleva y dignifica al hombre; que es la base, la esencia, el fundamento de la moral cristiana; que es el más terminante de los preceptos divinos; que es el móvil de muchos actos heroicos: ¡lástima grande que con ser todo esto y mucho más que mi torpe palabra no acierta á describir, no pueda remediar el mal; acaso porque la caridad de nuestras sociedades sea una caridad relativa, atenuada, mezquina; no la caridad verdadera, no la caridad evangélica, no la caridad *absoluta* y *total* de que habla algún comentarista de Tolstoi!

Yo no sé si dentro de nuestras sociedades habrá llegado, el hombre, á cumplimentar debidamente el precepto divino de «amar á Dios sobre todas las cosas», pero sé que es muy difícil que llegue á prestar los debidos acatamiento y respeto al de «amar al prójimo como á sí mismo»: vienen al mundo el mayor número con benéficas inclinaciones, pero hay muchos motivos para sospechar que tuvo razón Rousseau, al afirmar «que el hombre nace bueno y la sociedad le deprava»: lo cierto es que hoy, como ayer, acaso más que nunca, se ha convertido el *dinero*, como de sus tiempos decía un ilustre filósofo español y católico «en instrumento universal del honor, dignidad, soberbia, vida y muerte, de todo, en fin, porque todo lo medimos por el dinero; y subido á tan alto precio, no hay nadie que no piense que se han de hacer diligencias para adquirirle y *conservarle* por todos los caminos; el que lo adquiere es tenido por sabio, señor, rey, hombre de admirable consejo y talento, mientras el pobre es reputado por necio, despreciable y apenas hombre.» Convertido así el dinero en llave maravillosa que franquea todas las puertas, ¿quién ha de mermar su peculio y el de su familia cediendo á los impulsos caritativos?

La consideración que la sociedad otorga al rico, el disfrute de todos los goces y el ejercicio real de todos los derechos, reservados al dinero; la conveniencia del lujo para ser estimado en sociedad, las leyes sucesorias, estimulando á un insaciable acaparamiento, de tal suerte dificultan los movimientos del ánimo hacia la misericordia, que casi la anulan: réstame sólo agregar que la que, á pesar de todos estos obstáculos, subsiste, es tan ciega, tan indeliberada, que con frecuencia es estéril y á menudo perniciosa, porque fomentando el vicio crea el mendigo de profesión, y bien sabido es que, como dijo un escritor, «el mendigo es el ladrón del pobre».

El hecho es que nunca los Estados han esperado de la pródiga munificencia de la compasión privada el remedio del mal: bien lo prueban el látigo y la marca y las amputaciones y la rueda y el cadalso, penalidad alzada contra la mendicidad y la vagancia, durante muchos años, en las legislaciones de los pueblos más *cultos* de la *culta* Europa: bien lo podrían probar también los 72.000 ahorcados por los mismos delitos, en Inglaterra, durante el reinado de Enrique VIII. Ha faltado, sin duda, valor para llevar hasta sus últimas consecuencias este sistema radical, que hubiera concluido, seguramente, con las miserias de la Humanidad, y discurrióse la Beneficencia.

Ha sido esto sustituir la Caridad privada con la Caridad legal: puesto que los hombres no eran voluntariamente misericordiosos, hacerlos caritativos y benéficos de real orden. No es lo peor, señores, que esta tutela del Estado, envuelva una negación del principio de la libertad individual en que, al menos aparentemente, se fundan los Estados modernos: no es lo peor que se desvirtúe el hermoso sentimiento de la compasión, trocándolo en el penoso deber de satisfacer un tributo: no es lo peor que por el desarrollo lógico del sistema y el crecimiento progresivo del presupuesto de la miseria se llegue indefectiblemente al tan temido *comunismo*: es lo más malo, que proponiéndose remediar un mal, sólo consigue agravarlo. Destinando una porción del caudal social á un consumo improductivo, le aparta definitivamente de la producción; haciendo pesar sobre las clases trabajadoras de la sociedad el mantenimiento de los que no trabajan, aumenta sus necesidades y disminuye sus medios: restando, por medio del impuesto, algo de la ganancia del que no gana más que lo preciso, le precipita á él también en la miseria y le obliga á aumentar las legiones de los que necesitan ser socorridos. No es extraño, en vista de esto, que los que se dedican al estudio de estos fenómenos, hayan podido observar un desarrollo del pauperismo *paralelo* al de los socorros destinados á aminorarle, llegando algún autor á decir, que «el grado de indigencia de un pueblo es *exactamente proporcional* á las cantidades destinadas al socorro de los pobres»: ni es extraño tampoco que los Comisarios de pobres, de una nación que, hace tres siglos vive bajo el régimen de caridad legal, no hayan vacilado en declarar oficialmente, que «si Inglaterra (que es la nación aludida) hubiere arrojado al mar, todos los años, doble número de millones del destinado al cumplimiento de las leyes de socorros, habría ganado mucho en riqueza, en industria y en moralidad». En moralidad sobre todo, señores: porque no son solamente económicos los funestos resultados de la legislación filantrópica; son principalmente de orden moral. Ya se adopte el sistema del socorro domiciliario, ya se recluya á los indigentes en esas casas que sin propósito de ofender pudiéramos llamar presidios de la pobreza, nadie podrá impedir que se maten los sentimientos del alma á cambio del mantenimiento de las fuerzas del cuerpo: y en uno ó en otro caso, ó el pobre inmola su dignidad en aras del hambre, devorando antes que el mendrugo oficial su propia vergüenza, acostumbrándose á

mentir para aumentar el socorro, degradándose y
envileciéndose siempre, porque «es difícil que sea
severo consigo mismo, quien ha empezado por hu-
millarse ante un semejante»: ó sacrifica los santos
lazos del hogar y de la familia, su independencia
y su libertad, mendigando como única redención
de su pobreza, su prisión en un asilo.

Un solo detalle para completar el cuadro: la
manipulación de este complicado mecanismo de
la Beneficencia, está en manos de la Administración pública: de la Administración pública que en
todas partes impurifica y ennegrece cuanto toca.
Sería crueldad evidente, reproducir ante vosotros
el nauseabundo espectáculo de los asilos noctur-
nos, tantas veces pintados y con tan negros co-
lores, de las casas inglesas de trabajo, calificadas
por alguien de *antesalas del crimen*: sería inútil
además para vosotros, que en esta misma tribuna,
y de labios de un elocuente jurisconsulto, habéis
escuchado la triste pintura de nuestras casas de
maternidad y de expósitos; para vosotros, que en
las valerosas denuncias de nuestra propia prensa,
habéis aprendido, con amargura y con indignación,
cuántos horrores caben entre las cuatro paredes
de un Hospicio provincial. Nó, la Administración
es siempre torpe, insensible, perezosa, negligente,
á veces, muchas veces, desgraciadamente, no es ni
honrada: triste es confesarlo, pero parecen escritas
ayer las palabras con que hace tres siglos fustigaba
Vives á los administradores de los Hospitales de
Brujas; «son gentes, decía, que engordan y lucen
hasta con la sustancia de los mismos débiles y
enflaquecidos pobres».

En suma: á pesar de los laudables esfuerzos de muchos ricos caritativos, la caridad al uso no llena, no puede llenar los abismos de las desigualdades sociales: porque «no es verdadero socorro el que deja al socorrido en condiciones de necesitar socorro»; porque el paliativo es una medicación sintomática que deja subsistente la raíz del mal: porque con razón ó sin ella, el pobre no ve en la limosna más que una restitución incompleta de aquello que se le debe y porque con razón ó sin ella hoy el pobre no mendiga, pleitea y pide justicia, no compasión ni misericordia. El que observa estos *hechos*, bien puede afirmar que todas las formas de nuestra compasión actual, no podrán impedir que el mundo siga lleno de hartos y hambrientos; no podrán impedir que nuestra sociedad se hunda en ese mar de lágrimas y de dolores en que parece habrá de sepultarse, si Dios no lo remedia, nuestra más brillante que sólida civilización.

En este pleito secular entre la miseria y la riqueza, ya sabemos lo que ofrecen los ricos: pero ¿qué piden los abogados defensores de los pobres? Dar cumplida respuesta á esta pregunta sería tanto como reproducir ante vosotros el cuadro complicadísimo de todas las organizaciones imaginadas, desde la «República» de Platón, fuente inagotable de todas las utopías, hasta la tremenda *pan-destrucción* de Bakounine, desde las radicales reformas propuestas por Saint-Simon, Fourrier, Owen, Proudhon, Karl-Marx, Lasalle y Kropotkine, hasta el socialismo cristiano y católico, hasta el posibilismo socialista contemporáneo, hasta el candoroso misticismo de Bondaref, y de Tolstoy.

Encerrándome dentro de los estrechos límites que me marca el escaso derecho que tengo yo á contar con vuestra paciencia, me limitaré á decir que todas ellas ven el origen de las desigualdades sociales en una defectuosa organización de la sociedad y pretenden alterar ésta, variando las condiciones de la producción y de la distribución de la riqueza, absorbiendo el individuo en el Estado, poniendo como norte de sus aspiraciones más que la libertad, la igualdad. Es frecuente que estas teorías no despierten más que dos sentimientos; el terror ó el desprecio: pues bien; lo único que yo me propongo deciros respecto de ellas es que deben ser observadas, estudiadas, discutidas incesantemente sin desdén y sin miedo. Sin miedo, porque no es conveniente confundir los principios de una doctrina con los procedimientos acaso violentos y salvajes que se preconicen para implantarla: porque el estudio de esas teorías es el estudio de los nobles idealismos, de los sueños generosos con que grandes hombres de todos los tiempos han procurado, aunque ilusoriamente, redimir á la Humanidad de la esclavitud de la miseria: en fin, hasta por egoísmo, porque en esta batalla de intereses, el que tiembla es un vencido antes de la lucha.

Sin desdén sobre todo: sería imprudencia peligrosísima desdeñar organizaciones tan temibles como el anarquismo, que cuenta, según una estadística recientemente publicada, con ochenta mil afiliados en nuestra patria, doce mil de los cuales pertenecen á la región andaluza; organizaciones como el partido socialista, que al decir de Pablo Iglesias «cuenta con 9 periódicos de propaganda en España, 70 en Italia, 80 en Austria, otros tantos en Francia y 160 en Alemania: que interviene la gestión de un número crecido de municipios de varias naciones, teniendo *mayoría* en muchos y dominando exclusivamente en algunos de gran importancia como Marsella y Narbona y que ha logrado con el esfuerzo de sus votos llevar 11 representantes á las cámaras danesas, 14 á las austriacas, 15 á las italianas, 31 á las belgas, 45 á las francesas y 48 á las alemanas».

Nó: el problema se impone y sus peligros no se conjuran con estériles declamaciones sobre la resignación del pueblo: el pueblo ciertamente es capaz de todas las abnegaciones, pero es también capaz de todas las venganzas; y aun sin esto, las democracias modernas, regidas por el voto de las mayorías, no podrán aplazar indefinidamente la solución de la cuestión social, y un día llegará en que habrán de hallarse frente á frente el partido de los que todo lo poseen y el partido de los que nada tienen; la inmensa mayoría de los desheredados y la exigua minoría de los ricos: ¿qué ocurrirá entonces? Permitid que para responder á esta pregunta lo haga amparándome tras de la autoridad poco sospechosa en este caso de lord Macaulay: «Vendrá un día, dice, en que la multitud hambrienta nombrará sus legisladores; ¿es posible dudar sobre quién será el nombrado? De un lado el estadista predicando la paciencia y el respeto á los derechos adquiridos; de otro el demagogo, clamando contra la tiranía del capital y preguntando por qué unos beben vino de Champaña y se pasean en coche, mientras otros hombres honrados carecen de lo preciso: ¿quién será el preferido por el obrero que acaba de oír á sus hijos pedir pan? ¡Ah! entonces vuestra República (se refiere á los Estados Unidos) será devastada en el siglo xx como lo fué el Imperio Romano en el siglo v, con esta diferencia; que los devastadores del Imperio Romano, venían de fuera, mientras que los vuestros serán los hijos de vuestro país y la obra de vuestras instituciones».

Por mucho que yo lo lamente, no puedo, sin apurar mis escasas fuerzas y vuestra casi inagotable benevolencia, hacer, en este momento, como fuera lógico, la exposición y crítica de las teorías socialistas y anarquistas: es posible que esta omisión, de todo punto involuntaria, preste á mi modesto trabajo, algo de indecisión y de vaguedad: debo, sin embargo, confesaros lealmente que acaso, el estudio de estos sistemas, dejara, para vosotros, en la misma indeterminación mis pensamientos: ¡no lo extrañéis, señores! Los tiempos son de dudas, de vacilaciones, de desconfianzas: y con razón ha podido decir un escritor de universal renombre que «el hombre de nuestros días sólo ve ruinas detrás de sí, confusión á su alrededor, sombras y tinieblas en el porvenir.» Mas porque no pueda pensarse que mi humilde labor en esta noche, es sólo de críticas y de negaciones, he de hacer, antes de terminar, una afirmación, una sola, valga por lo que valiere: vedla aquí:

La cuestión social tiene su origen, no tanto en una, á todas luces, defectuosa organización de la sociedad, como en la ignorancia y en la perversión de los individuos: radica, principalmente, sobre el cerebro y sobre el corazón del hombre: instruirle y moralizarle sería resolver el problema.

Podrán y deberán el Estado y la sociedad, cada cual en su caso, cambiar las reglas de su organización presente, dejando de protejer, exclusivamente, los intereses de un grupo, para amparar todos los intereses humanos merecedores de amparo y de protección: podrán y deberán borrar de las leyes, todos aquellos preceptos que aparezcan dictados por el egoísmo de una clase: modificar la propiedad, porque aunque el principio fuera intangible, las formas son transitorias y accidentales: variar la legislación sucesoria, favoreciendo la desconcentración de los capitales: amparar al débil en el contrato de servicios: dar al pobre la seguridad de ser escuchado ante los tribunales de justicia: garantizar el ejercicio del sufragio: abolir privilegios tan irritantes como la redención á metálico é impuestos tan justamente abominados como el impuesto de consumos: favorecer el nacimiento y desarrollo de organismos como los jurados mixtos y como las sociedades cooperativas de crédito, de producción y de consumo y... mil cosas más: pero toda esta complicada labor, resultará al cabo perfectamente estéril, si no se consigue que el hombre se mueva, más que por el ejercicio de su derecho, por los estímulos del cumplimiento de su deber: si no se logra que la transformación se verifique, como dice un distinguido catedrático español, «de dentro á fuera, por la sugestión de buenos instintos en todos, pobres y ricos, señaladamente en los ricos»[3]: en una palabra, si no se intenta la reforma social, por la reforma del individuo: porque, cierto es, como dice el Sr. Azcárate, que la sociedad es algo más que la suma de los individuos que la constituyen, del mismo modo que una casa es algo más que la aglomeración de los materiales que la forman: pero no es menos cierto que para el más hábil de los arquitectos, sería obra imposible la de construir un edificio sólido con materiales descompuestos y podridos.

Instruir y moralizar: hé aquí la obra. Pero si, para la instrucción, algo puede esperarse del Estado y de la sociedad, por medio de la enseñanza obligatoria y gratuita, con tanto ahínco, recientemente reclamada en nuestra patria; por medio de la creación de escuelas de artes y oficios en todas partes; por medio del sostenimiento de centros de difusión de la cultura como éste en que tengo el inmerecido honor de hablaros: para la moralización, ni es posible desear la intrusión del Estado en las conciencias, ni hay que tener esperanza de que en la sociedad, formen las costumbres honradas y severas, los mismos que se aprovechan de que no existan, y es preciso volver los ojos á algo que no tenga su raíz entre los hombres; á algo que sea como de fuera del mundo; á algo que sea exterior y superior á él; este algo, bien podría ser la religión: hé aquí por que piden algunos, yo creo que con justísima razón «un retorno de la Humanidad al Cristianismo»[4]: pero al Cristianismo.

No sin cierto recelo pronuncio estas palabras: por eso me apresuro á protestar de que no existe, para mí, nada tan respetable como las opiniones ajenas, sinceramente profesadas y noblemente defendidas: las mías no deben seros sospechosas: en tierra cristiana nací y en el seno de una familia cristiana, y á gran fortuna lo tengo: cristiano soy y abrazado á la cruz quiero morir y á la sombra de sus brazos redentores descansar: pero acaso por esto mismo pienso que debe decirse la verdad, sin frases hechas, sin convencionalismos hipócritas, con los cuales quizás logremos engañarnos á nosotros mismos, difícilmente engañamos á los demás, seguramente no engañamos á Dios: ahora bien; yo veo el espíritu de Cristo, flotar sobre las sublimes palabras de las obras de misericordia y del sermón de la montaña, «dad de comer al hambriento, dad de beber al sediento, vestid al desnudo; bienaventurados los pobres, porque de ellos es el reino de los cielos... los que lloran, porque ellos serán consolados... los que han hambre y sed de justicia, porque ellos serán hartos»; le veo en los fraternales ágapes de las Catacumbas; en el generoso desprendimiento de los primeros cristianos, que arrojaban sus bienes á los pies del altar, para ser repartidos entre sus hermanos los pobres: en la ardiente caridad de una Santa Isabel de Hungría, de un San Vicente de Paul, de un San Roque, de un San Juan de Dios, de un San Francisco de Asís: le veo aún hoy en la sublime abnegación de esas santas mujeres que renunciando á los placeres del mundo, consagran su existencia entera al niño abandonado, en la casa de expósitos: al anciano desvalido, en los asilos; al moribundo, en los hospitales: al herido, en los campos de batalla... pero yo no le encuentro, por más que quiera verle, en esa codicia manifestada desde los primeros siglos, que ocasionó tan duras disposiciones contra las imprudentes prodigalidades de las mujeres y contra los legados a los confesores[5]; que dió lugar á tantas lamentaciones de nuestras Cortes y á tan terminantes decretos de nuestros católicos reyes[6]: que obligó al filósofo Vives á censurar «una disciplina según la cual nada se administraba de balde y que abominando del vocablo vender, obligaba, sin embargo á comprar»[7]; y que dictó la tremenda acusación de San Antonio de Padua contra ciertos sacerdotes de su tiempo, «mercaderes, más que sacerdotes, decía, que suben a su Tabor, que es el altar, y desde él, tienden las redes de su avaricia para pescar el oro del mundo»[8]; yo no le veo en esas prácticas poco caritativas por virtud de las cuales se prodigan los sonidos de las campanas y las armonías de los coros y el brillo de las candelas de los altares y el perfume de los incensarios y el esplendor de los ornamentos, en las alegrías y en las tristezas de los poderosos, mientras se regatea una humilde cruz de palo que colocar delante del entierro del menesteroso católico; y por virtud de las cuales se consiente sin una protesta enérgica y constante que, aun en el mismo recinto igualitario de la muerte, en el campo-santo, se alcen sobre los siete palmos de tierra en que á la postre, caben todas las vanidades humanas, los mármoles y los bronces en honor del rico, mientras se arroja desdeñosamente, en la fosa común, el cadáver del desvalido, cubierto, más que por la tierra del planeta, por el polvo en que se han convertido sus antepasados, tan pobres y tan desventurados como él.

Nó: si el Cristianismo ha de influir poderosamente en la solución del problema social, si ha de atraer esas enormes masas de hombres que hoy viven completamente alejados del templo y de Dios, será conveniente que suenen alguna vez en el oído de los ricos las palabras de un San Ambrosio, de un San Juan Crisóstomo, de un San Gregorio de Niza: «Nadie, dicen, puede llamarse propietario de lo que le queda después de satisfechas sus necesidades naturales; los sacó del fondo común y sólo la violencia puede conservárselo»[9]. «Como ladrones que asaltan los caminos son los ricos, y convierten sus casas en cavernas, donde guardan sus tesoros»[10]. «El que pretende apoderarse de todo con exclusión de sus semejantes, no es un hermano, es un tirano, un bárbaro cruel, una bestia feroz, cuya garganta está siempre abierta para devorar el alimento ajeno»[11]. Será preciso hablar algo menos de resignación á los pobres, y más, mucho más de caridad á los ricos; será preciso recordar siempre, que, como dice un historiador católico, «el secreto de la influencia de las órdenes mendicantes sobre el pueblo, estuvo, en que partían con él, el pan de cada día»[12]; será preciso convencer á muchos pseudo-cristianos de nuestros días, de que los preceptos de Cristo son algo más que el cumplimiento hipócrita y mezquino de las prácticas externas; algo más que un «formalismo estéril é infecundo»[13].

No me digáis que esto constituye la imposible tentativa de hacer de la sociedad humana una sociedad de santos: es sólo el deseo de verla convertida en una sociedad de hombres honrados y buenos, cosa que, no sin violencia, puede decirse de la actual. Pero si aun esto fuera un sueño y una utopía, si aun esto fuera imposible, convenid conmigo en que no habrá más remedio que echarse en brazos de la más negra de las desesperaciones, y afirmar con los pesimistas, que «la Humanidad es un conjunto de tontos, bribones y bandidos»: que «la vida es un anhelo sin satisfacción, y en ella la fatalidad es la ley, la prosperidad un sueño, la miseria la única realidad»: que «la tierra es una cárcel, ocupada por reos de ignorado delito; una prisión tenebrosa, un abreviado infierno, asiento sombrío del eterno dolor y del eterno llanto»[14].

Nó, yo no puedo creer esto; yo no quiero creerlo: prefiero pensar que la Humanidad está aún en la infancia y que un día llegará en que se borren los abismos que separan á los hombres; en que los santos lazos de la fraternidad liguen á todos los hijos del mismo Padre; en que rijan el mundo la justicia y la misericordia; y en que, desde toda la redondez del planeta, se eleve á los espacios infinitos, con armonías inextinguibles, el himno con que la Humanidad, completamente redimida, cante las alabanzas del Infinitamente justo, del Infinitamente misericordioso.

HE CONCLUIDO.

Problemas Nacionales[15]

SEÑORES:

Suplico con más ansias que nunca vuestra benevolencia. Los señores conferenciantes me han honrado y distinguido más de lo que merecía al encargarme esta conferencia preliminar; pero temo mucho que mi torpeza habrá de extraviarse en el siguiente laberinto: tocar todas las cuestiones y dejarlas todas intactas para ellos: discurrir sobre asuntos económicos y pedagógicos sin ser pedagogo ni economista: sobre problemas jurídicos y sociales sin saber Sociología ni apenas Jurisprudencia: correr incesantemente entorno de lo que veda el Reglamento sin rodar, presa del vértigo, en la sima de lo prohibido: por fin, aparecer aquí como indisculpable osadía lo que no es sino sumisión y obediencia. Tal vez todo ello arranque de ser yo Secretario del Ateneo sin tener aptitudes para serlo, pero de cualquier suerte, considerad mi difícil situación y otorgadme vuestra indulgencia, que yo, puesto que el tiempo es breve y la materia vasta, entro sin mayores preámbulos en el asunto, a procurar hacer durante una hora algunas superficiales y mal ordenadas consideraciones sobre los *Problemas Nacionales*: qué causas presentan estos problemas como de solución inaplazable, en qué consisten, y por quién deben resolverse. Comienzo.

Una noche, cuando acababan de extinguirse en las inmensas soledades del océano los últimos acentos de la triste plegaria con que impetraban el favor del cielo los desesperanzados marineros de Colón, vislumbraba el almirante desde el castillo de popa de su débil navío las primeras señales de aquellas tierras portentosas en las visiones del genio adivinadas: cuando al siguiente día el sol de los trópicos iluminó los estandartes de los Reyes sobre las tierras del Salvador, América había nacido para España. Cuatro siglos más tarde un crucero español, humilde resto de deshechas escuadras, transportaba hacia España los despojos mortales del inmortal navegante. Pobres huesos aquellos de un hombre, que dió al mundo un continente y parece no encuentran un pedazo de tierra donde descansar: sagradas reliquias del que por España descubriera América y que vuelven a España porque no queda en América ni una pulgada de española tierra.

Colocad entre estos dos sucesos las sangrientas hazañas de las conquistas y las luchas eternas de las independencias: las penalidades de nuestros soldados y los martirios de nuestros prisioneros: colocad ahí también las fuentes de las costumbres aventureras, la despoblación del país, el abandono de la agricultura y la ruina de las industrias nacionales: colocad, en fin, montañas de cadáveres hacinados por los hombres y por el clima, huracanes desatados de ingratitudes y de odios, ríos de sangre, mares de lágrimas y tendréis la historia de la dominación española en América. Más aún: la historia entera de España con su fugitiva grandeza, con su inacabable decadencia, con su espantosa agonía: de esa España que apenas nacida conquista un continente y se siente al dejarle moribunda: de esa España que parece haber nacido para descubrir América y vivido para darle vida, y Dios sabe si muerto por habérsela dado: de esa pobre España, nuestra patria, sol rutilante un día que alumbrara con vívidos destellos las tinieblas de la barbarie en que yacían los mismos que hoy la insultan y desprecian, sol como todo sol predestinado a abrasarse y consumirse en las hogueras de su propia lumbre para rodar después oscuro y frío por los cielos inmensos de la historia.

Por que, poco importaría la pérdida de América, que antes que perder fuera ganar: América no ha sido nunca nada para España, sino ha sido el abismo de su gloria y la insaciable fosa de la raza; sin llegar a decir como algún sabio economista español que «es una locura felicitarse del descubrimiento» bien se puede afirmar que solo le debemos nuestra ruina: que hasta los torrentes de oro que nos ha enviado, torrentes al fin, no han cruzado nuestro suelo más que para devastarle marchando a fecundar tierras extrañas: y que á la hora de la separación definitiva, tan solo nos trajimos el triste orgullo de haberla descubierto y el amargo consuelo de que hasta para pensar mal de nosotros habrá de menester nuestras ideas y las rimas de nuestra poética para entonar himnos á sus triunfos que son nuestros desastres y los vocablos de la sonora lengua castellana para injuriar y escarnecer nuestra memoria. Poco, repito, importaría la pérdida de América si no costara tan caro el perderla: si no se hubiera también desvanecido el bien ganado prestigio del heroísmo tradicional y del glorioso pasado, de cuyo brazo la vieja España caminaba por el mundo mereciendo el respeto de las gentes: si no se hubieran también perdido las lisonjeras esperanzas de un brillante porvenir al perderse el Archipiélago Filipino, con sus diez millones de habitantes y sus tierras vírgenes y sus bosques henchidos de maderas preciosas, y sus mares sembrados de corales y perlas, y sus montes que en las entrañas guardan ricas minas de carbón y de hierro, y sus ríos que deslizan sus ondas por entre arenas de oro: si no se hallara al pueblo español en la última hoja del fúnebre balance de su ruina, 80.000 soldados sepultos en la manigua cubana, quince mil millones de reales lanzados á los cuatro vientos, inculto el suelo, la raza extenuada, la unidad nacional puesta en litigio por los delirios propios, y la independencia amenazada por las codicias extranjeras. He aquí el problema (que no sé si habré acertado á poner ante vuestros ojos con los cuatro trazos que puedo dedicarle). He aquí el problema, pudo decir España con el poeta inglés, porque también para ella, como para el héroe shakesperiano, consiste en «vivir ó no vivir».

No es extraño, señores, aunque muchos lo extrañen, no es extraño que en presencia de tal alternativa, el pueblo español se rindiera abrumado bajo la inmensa pesadumbre del problema: ni que quedase consternado y mudo, intentando un examen de su vida. Había realizado el disparate heroico de lanzarse á buscar un mundo en el fondo de un mar poblado de fantasmas y de peligros erizados: había secundado las sublimes locuras de Cortés y de Pizarro, Ponce de León y Núñez de Balboa; había dado al descubierto continente, en un solo día, la civilización que él mismo no lograra sino tras largos siglos de fatigas: había procurado redimirle con su ciencia y con su religión: habíale dado su sangre en una transfusión secular: había soportado con resignación de mártir las torpezas de sus gobernantes que le obligaran á sembrar de sus huesos el planeta y le aquistaran el odio hasta de los mismos redimidos... y ¿cuál era el premio de tan enorme sacrificio?: ser oprobiosamente arrojado de aquellas tierras nacidas de sus esfuerzos y de su sangre alimentadas: hallarse recluido en su casa solariega, grieteada y ruinosa por tantos siglos de abandono: contemplarse á sí propio con la rota y descolorida púrpura de su antigua majestad sobre los hombros, sólo, pobre, sin fuerzas, moribundo, en medio de sus campos yermos y sus haciendas desoladas: sentirse abofeteado y escupido por la lástima y el desprecio de los que un tiempo temblaron delante de su nombre: escuchar el «ecce Hispania» de la hipócrita conmiseración extranjera: y presentir el último reparto de sus pobres túnicas y el terrible momento de la ominosa crucifixión. ¡Ah señores! confesemos que había para maldecir, para llorar, para rugir, para desesperarse, para enloquecer: pero el pueblo español guardó silencio: pensemos que dijo bien el poeta al decir «son los grandes dolores siempre mudos» o pensemos que la pobre víctima calló porque le confortaba la esperanza de una gloriosa resurrección: pero lloremos por nosotros y por nuestros hijos, si esa resurrección no ha de ser sino en la gloria póstuma de los recuerdos de la historia.

Ha transcurrido año y medio desde el ruinoso tratado de París, afrentosa liquidación de los recuerdos, las realidades y las esperanzas; el pobre pueblo español no parece haberse repuesto del colapso. Sin embargo, se notan en él evidentes síntomas de saludable reacción, energías dormidas que despiertan anhelos vehementísimos de vivir:

tal vez los brazos permanecen inmóviles, pero el cerebro funciona con vertiginosa celeridad: claras muestras de esta favorable agitación del organismo constituyen iniciativas como las de la Universidad de Oviedo y el Ateneo valenciano: conferencias como las de doña Emilia Pardo Bazán, D. Rafael Mª de Labra y D. José Echegaray: asambleas de agricultores y comerciantes como las de Zaragoza y Huesca y Valladolid: programas de reforma como los emanados de los altos poderes: estudios y libros como lo de los marqueses de Torre-hermosa, y Villaviciosa de Asturias, Alba, Maeztu, Unamuno, Costa, Macías Picavea, Cesar Silió y otros cien. ¿Hasta qué capa social habrá profundizado el movimiento? Sondeo es este que yo no me encuentro con aptitudes para intentar, ¡pero cuántas veces la superficie del océano, azotada por los latigazos del huracán, ruje y se encrespa con gigantescas olas y torbellinos furiosos, mientras el fondo permanece tranquilo, indiferente, mudo! Y expuestos de esta manera los orígenes y desarrollo del problema, procuremos plantearle como justificación del plan de conferencias del Ateneo Jerezano.

Sin pulso se dijo por alguien ante aquel primer estupor de nuestro pueblo. *Con fiebre* se ha dicho después muchas veces en presencia de la agitación que dejamos registrada. Estas dos frases, pronunciada la una por estadista de tan preclaros talentos como el ilustre Silvela, estampada la otra en diversos lugares y últimamente en libro, este mismo año, publicado por Silió, bastarían por sí solas á hacernos sospechar que nos encontramos enfrente de un enfermo, á la vista de un caso *patológico:*

y si esto fuera así, nuestro plan debería ser el siguiente: ¿cuál dolencia es la suya? ¿Qué causas la motivan? ¿Puede ó no puede curarse? Y si puede ¿porqué remedios llegaremos á la curación y la salud? Señalar en suma lo que al lado del lecho del enfermo, el médico señala: el diagnóstico y la etiología de la enfermedad, el pronóstico y el procedimiento terapéutico.

Desgraciadamente si la ciencia de curar á los hombres, a pesar de sus evidentes progresos, no tiene muy satisfecha á la Humanidad, la ciencia de curar a los *organismos* sociales es todavía más imperfecta y embrionaria; por lo cual no parece que debíamos seguir ese camino, sobre todo si se tiene en cuenta la opinión de un tan reputado escritor como el Dr. Salillas, quien escribía hace algún tiempo «que se habla muy frecuentemente de Patología social y de Patología política como si tales ciencias existieran»[16] y si no se echa en olvido que hace pocas semanas afirmaba el insigne Tarde que hasta «la frase *organismo social* está en vías de ser rechazada por la ciencia sociológica».

En vista de lo cual procuraremos plantear el problema no con el tecnicismo patológico que muchos emplean: no hablando del *pulso* hasta que se invente el esfigmógrafo con que se hayan de pulsar los pueblos: ni de sus *fiebres* hasta que la ciencia social no disponga de termómetro clínico adecuado: no mencionando la *hipertrofia cardiaca* con que se quiere aludir a nuestra funesta centralización; ni la *ataxia locomotriz* de que se diagnostican nuestras vacilaciones en el camino del progreso; ni la *anemia cerebral* cuyos caracteres nosológicos vislumbran algunos en nuestros extremos de apatía y exaltación; no, sino renunciando al fárrago laberíntico de tantas y tan embarazosas metáforas, lograremos entendernos, cosa fácil de conseguir (si vuestra atención y buena voluntad no me faltan) en el lenguaje llano y sencillo en que yo puedo hablaros, en el lenguaje llano y sencillo en que nos hemos entendido ya otras veces; en el cual quiero deciros, tal vez sin el rigor del tecnicismo científico, pero reflejando fielmente la realidad, al menos tal cual yo la veo, que el mal origen de todos los males presentes, lo que nos arrastrara á una guerra quijotesca y suicida y á una paz humillante y afrentosa, lo que nos hace apáticos como viejos desengañados y vehementes como niños irreflexivos, lo que justifica y razona nuestro atraso y nuestra decadencia es una sola cosa, y bien podemos, para entendernos, denominarla «hambre»: hambre del cuerpo mal alimentado en medio de esta rebelde naturaleza que aquí, como en todas partes, tiraniza cuando no es esclava y que vanamente pretendemos explotar con las débiles fuerzas de una industria naciente y con los anticuados procedimientos de una agricultura rutinaria; hambre de la inteligencia, vacuidad absoluta de cerebros ayunos de toda instrucción o viciosamente nutridos con alimentos de más volumen que sustancia, suministrados por un abastecedor sin conciencia por medio de una enseñanza exclusivamente *palabrista*: hambre, por fin, y sed de Justicia, de moralidad, de recta administración, de equidad y de orden; ¿qué han de dar de sí estas diversas hambres sino ruindad física, inopia intelectual y miseria moral? Tres pobrezas distintas aunque ligadas por los lazos de una causalidad mutua y que forman el contenido de las futuras conferencias agrupadas bajo los títulos de *Problema económico, Problema pedagógico* y *Problema jurídico y social.* Dos palabras, y no más, sobre cada uno de estos aspectos de una sola y deplorable indigencia.

Preséntase el *problema económico* lo mismo para la nación, que para el individuo, que para el Estado, como el problema del equilibrio entre la producción y el consumo, entre las necesidades y los medios, entre los ingresos y los gastos; cuando el desequilibrio sobreviene el problema queda inmediatamente planteado y si la solución se retarda va el individuo á la ruina como el Estado á la bancarrota, como la nación á la miseria y al hambre; relación, dicho equilibrio, entre dos términos, la alteración de cualquiera de los dos da origen al problema y la corrección de cualquiera de los dos puede llevarnos a la solución. En la realidad, el problema es bastante más complejo: para comprender lo cual basta considerar que no es posible aumentar los ingresos del Estado sin disminuir los ingresos del individuo, ni disminuir los gastos del Estado sin perjudicar los servicios, ocasionando al cabo una merma en la producción: que no es posible producir más sin gastar más previamente, ni es posible gastar más sin haber previamente producido.

Círculo de hierro es este muy parecido á aquellos otros problemas que algunos plantean y que consisten en averiguar si tal ferrocarril no se constituye en determinada región porque la región no produce bastante para sostener el ferrocarril, ó si la región no produce porque carece de ferrocarril que dé salida á sus productos; si los canales de riego no se hacen porque el rutinarismo de la agricultura no brindaría ganancias á la empresa ó si la agricultura es rutinaria porque carece de canales de riego que permitan reformar los cultivos; círculo de hierro es este que nos envuelve y nos encadena y nos estruja y acabaría por triturarnos si no se procurara salir de él rompiendo por cualquier parte: que no es el romperle empresa de titanes: labor es de hombres de buena voluntad impulsados por el poderoso resorte del instinto de conservación: ni son hércules ni gigantes los que ya forcejean por romperle en alguna región de nuestra península, cuyo recuerdo evoco no como modelo que vosotros no necesitáis, sino como medio de explicación que yo necesito muy bien.

Guardaba aquella región abundantes minerales en las entrañas de su pobre suelo y se precipitaban los ríos por entre los escarpados peñascales de sus sierras; pues, nacieron las sociedades explotadoras para arrancar á la tierra sus escondidos tesoros, para trocar el indomable torrente en el humilde siervo de la industria; ya había con esto en el país mercancías que transportar y surgió la empresa ferroviaria afanosa del lucro del transporte: rápidamente arrastrados los minerales por la locomotora á donde pudo convenir, brotaron allí las chimeneas de los altos hornos para devorar en sus entrañas de fuego primeras materias que siempre habían volado presurosas á alimentar industrias extranjeras: y tras de los altos hornos, la empresa naviera para no pagar el tributo del flete al barco extraño: y tras de la empresa naviera la Sociedad de seguros marítimos y después... ¿quién sabe hasta dónde podrán llevar á una raza vigorosa la trabazón de los negocios y el encadenamiento de la vida? Eso es lo que ha podido hacer en un solo año una sola provincia española, una de las más pequeñas, la más humilde, la más amenazada tal vez de hundirse al hundirse en nuestro imperio colonial, forcejeando y rebelándose contra la disolución acordada por los que sueñan con tener el secreto de las inexorables leyes de la evolución: eso es lo que ha podido lograr un puñado de honrados españoles, encerrados entre las nevadas crestas de los Pirineos occidentales y los abruptos acantilados contra los cuales estrella sus indomables furias el Cantábrico, desafiando desde sus tierras infecundas y bajo su cielo sin sol hasta á la misma decretada muerte, y aprestándose gallardamente á luchar sin desmayos por la vida: eso, en fin, lo que puede hacer un pueblo que tiene fe en sus propias energías, no demandando el socorrido auxilio del Estado, ni levantando tampoco la traidora bandera del separatismo suicida, sino arriesgando el presente para conquistar el porvenir, rebañando hasta el fondo del bolsillo para dedicar, como lo ha hecho, más de 200.000.000 de reales a empresas industriales y mercantiles, en vez de buscarles cobardemente un asilo en ese cuartel de capitales inválidos que se llama papel del Estado, consagrando á la santa reconquista de la vida nacional puesta en tela de juicio hasta la

última peseta, que esta sí que es empresa digna de
tan alto sacrificio, no aquella otra á que decidimos
consagrarla con la última gota de sangre, aconseja-
dos sin duda por la funesta demencia del incurable
hidalgo de la Mancha.

Perdonadme, señores, si estimáis impertinente
la complacencia con que os he hecho tornar los
ojos hacia ese humilde pedazo de tierra española
cuyo recuerdo va en la memoria ligado con los
recuerdos más caros de la vida; después de todo
no es una digresión estéril la que acabo de hacer:
antes nos ahorra explicaciones prolijas y enfado-
sas; porque ahora ya sabéis cómo entiendo yo
que puede romperse ese círculo de hierro de que
antes hablaba; cómo entiendo yo que de los dos
caminos que conducen á la normalidad económica, disminución del consumo ó aumento de la
producción, sólo en el último podemos encontrar
la salvación. Pregónense á los cuatro vientos las
virtudes y eficacias de las economías: hilvánense
programas y levántense banderas con tan simpá-
tico lema que acogerá siempre entusiasmada la
muchedumbre de los que perecen estrujados por
el fisco: recomiéndese que sepamos vivir como
pobres, ya que no hemos sabido sino dilapidar
nuestra fortuna cuando ricos, si alguna vez fuimos ricos; juicioso y prudente parecer a todo ello,
juicioso y prudente sobre todo si lo que se busca
es un más equitativo reparto de los tributos y una
mejor distribución de lo tributado: pero acaso
convenga no olvidar que bien pudieran esos consejos tener algo de las candorosas exhortaciones
con que se intenta convencer de las virtudes del

ahorro al pobre jornalero que apenas logra tener pan: acaso convendrá no olvidar que la disminución de las necesidades trae aparejadas la disminución de los estímulos para el trabajo y que nuestra preconizada frugalidad es una de las principales causas de nuestra decadencia: acaso, en fin, convendrá no olvidar que aun talando despiadadamente en el presupuesto del Estado, con lograrse fácilmente la desorganización ó el abandono de los servicios, quizás no se lograra mejorar en lo más mínimo la situación económica del ciudadano español. Seguramente que no es este el camino por donde se marcha hacia la suspirada regeneración; por contradictorio y paradójico que pueda parecer, acaso sea esta la solución de los problemas económicos que puedan surgir en los pueblos ricos, pero nunca la de los que surgen necesariamente en los pueblos como el nuestro, que se mueren de hambre: en aquellos países cuyos elementos productores se encuentran sometidos á la acción vigorosa de todos los adelantos y cuyas fuentes de riqueza entregan el máximo rendimiento, cuando a pesar de esto se encuentran enfrente de un desequilibrio económico ¿cómo no han de buscar la solución por el camino de las economías, si no es posible intentarla con el aumento de una producción llevada al límite? Pero ¿cómo salvarse economizando los pueblos que no tienen ni lo necesario: los que se encuentran en el horrible trance colocados de renovarse ó morir: los rezagados en la marcha de la humanidad que han menester lanzarse á tiro forzado en seguimiento de los que van delante? ¿Cómo salvarse economizando los Estados que como el nuestro, encontrándose obligados á hacerlo casi todo, no tienen hecho casi nada, ni en agricultura, ni en industria, ni en comunicaciones, ni en higiene, ni en enseñanza, ni en administración? ¿Cómo salvarse economizando, si eso es renunciar al cabo salvador que nos tiende generosa la naturaleza, si eso sería como arrojar en los momentos de la lucha decisiva las armas que la Providencia ha querido poner a nuestro alcance? Porque, precisa confesarlo, nuestra pobreza no arranca de la naturaleza, arranca de nuestra incuria; podrá ser cierto que al hundirse la leyenda de oro de nuestro valor indomable, hundiérase también la fabulosa leyenda de nuestra fertilidad sin rival: podrán haber trascendido hasta el vulgo las bien antiguas oposiciones de los doctos sobre la fecundidad de nuestro suelo, desvaneciendo un montón de desatinadas ilusiones: y bien idos vayan los desatinos y las ilusiones y las leyendas y las fábulas, que al cabo harto más vale un bienestar verdadero que una opulencia soñada. Llorar su muerte, ¿qué fuera sino llorar su curación el pobre maniaco tocado del delirio de grandezas? Pero guardémonos mucho de las reacciones tan extremosas de nuestra raza: guardémonos mucho de rodar desde las altas cumbres de nuestras vanas ilusiones á los negros abismos de nuestras tristes desesperanzas.

No somos pobres por la naturaleza. Con sus desoladas altiplanicies y sus escabrosas cordilleras: con sus aguas mal repartidas y su atmósfera seca y sus campos sedientos y sus ríos ó enjutos ó desbordados: con su territorio cerrado por los montes del Norte á las húmedas corrientes del Atlántico y abierto por sus playas de Levante á los ardientes vientos africanos, todavía es nuestra tierra la mejor tierra de cuantas tierras se viven en Europa. Pudieron hundirse las leyendas pero no se perdieron para España con sus perdidas colonias ni naufragaron con sus deshechas escuadras ni se desvanecieron con sus desvanecidas ilusiones las famosas riquezas de sus inagotables minas, ni la exuberante fecundidad de sus tierras andaluzas y extremeñas; ni los floridos verjeles de Granada y de Levante, de Cataluña y de Rioja; ni el inexplotado capital que guardan avaramente el subsuelo en sus aguas no alumbradas y las cumbres en sus inmaculadas nieves: ni ese sol brillante que á través de una atmósfera purísima nos envía torrentes de calor y de luz no aprovechados: ni esa posición geográfica que debiera darnos el dominio de dos mares y las llaves del Estrecho y la hegemonía en ese continente africano por cuya posesión tan sangrientas contiendas han de reñirse.

Y hay que repetirlo: todo eso es nuestro y está a nuestro alcance: todas esas armas puso Dios en nuestras manos para luchar por la vida sobre esta patria condenada a muerte, y á todo eso tendremos que volver los ojos anhelantes para buscar con ello la salvación, si no queremos que para el mundo siga empezando el África en los Pirineos; si no queremos hacer posible el absurdo de que América nos pague en la misma moneda la civilización que un tiempo le llevamos en la punta de la espada: si no queremos que Europa, con la ambición por consejo y por lema los sagrados intereses de la Humanidad, nos haga escuchar el triste *delenda est Hispania*: y entonces, entonces sí que habrá sonado para nosotros la hora del acabar y del morir y sobre nuestra tumba no escribirá la Historia sino el siguiente afrentoso epitafio: *vivieron en la miseria y se murieron de hambre sobre un inmenso tesoro.*

No echemos sobre la Naturaleza las culpas que son propias: no ofendamos á quien tan pródigamente nos otorga dones que para sí ambicionan las naciones más ricas; ya que no tengamos el mérito de ciertas virtudes, tengamos al menos la honradez de confesar nuestros defectos: que al cabo por la confesión y el arrepentimiento es por donde puede llegarse á la enmienda y la salvación: cómodo fuera arrojar sobre el medio pecados de los individuos, pero la realidad que es la que es y no la que se quiere que sea, hará siempre sentir las consecuencias de sus actos aun á aquellos que pretenden torpemente seducirla con argucias sofísticas ó con estériles lamentaciones. Y lo que la realidad dice, dicho queda en el examen del problema económico, pero más claro aun lo entenderemos en los breves instantes que vamos á dedicar al *problema pedagógico*; al menos si es cierto que, como decía Jovellanos, «es la instrucción la fuente de todas las fuentes de la riqueza de los pueblos».

Ser fuertes para ser grandes, ser ricos para ser fuertes, parece haber sido el lema de todos los pueblos que han merecido ó aspiran á merecer un lugar en los recuerdos de la Historia; «sed cultos para ser ricos» parece que dicen, hoy más que nunca, á los pueblos la razón y los hechos y el convencimiento de que solo la ciencia puede convertir las tremendas energías de la Naturaleza, de terribles enemigas, en poderosas aliadas. Veamos qué hacemos para ser cultos y esto visto, visto tendremos por qué no somos ricos, ni fuertes, ni grandes. Pintar el cuadro de nuestra situación pedagógica fuera lo más conducente á nuestro objeto, pero, puesto que ni el tiempo ni la competencia á tanto me autorizan, habré de dejar la pintura reducida, no ya á un desdibujado boceto, sino á dos solas pinceladas: de luz la una, de sombra la otra y de cuyo contraste ansío surja para vosotros más viva la realidad, retrata la primera á Francia, á nuestra España la segunda.

Hace muy pocos meses, con la solemne ocasión de la clausura del curso, resonaba la elocuente voz del ministro de Instrucción pública[17] de la Nación vecina, en el soberbio anfiteatro de la Sorbona; y ante los alumnos laureados de todos los institutos de Francia, ante los viejos profesores encanecidos en la instrucción, ante los representantes del Ejército y de los Estados extranjeros y del gobierno mismo, dolíase amargamente el orador de los defectos de la educación francesa y proclamaba la necesidad de emprender nuevos rumbos en la enseñanza de la juventud. Sin las reservas que al gobernante impone el cargo, Jules Lemaitre pregonaba también y también desde la tribuna de la Sorbona[18] la urgencia de una reforma en la educación del individuo y confesaba tristemente que Francia estaba atrasada y pasada con mucho por otras naciones. Con la sinceridad del convencido, declaraba al mismo tiempo Edmundo Demolin en un famoso libro[19] que ha dado velozmente la vuelta al Universo, la inferioridad de su pueblo originada en la inferioridad de su educación y protestaba enérgicamente contra la superficialidad de la enseñanza y el extravío de los métodos pedagógicos. Ahora bien: esta Francia tan descontenta de sí misma, tan convencida de la superioridad de otras naciones, consagra, sin embargo, anualmente 190 millones de francos á instrucción primaria: sostiene setenta mil escuelas: educa en ellas á seis millones quinientos mil ciudadanos, teniendo un alumno por cada seis habitantes y se dedica á la educación popular con tanto interés y con tanto ahínco por medio de los cursos breves y las conferencias públicas que han llegado á ser en un solo año 35.000 los primeros y 117.000 las segundas[20].

Si volvemos ahora los ojos á nuestra España, nos encontramos con lo siguiente: juntos el Estado y los Ayuntamientos gastan en instrucción primaria lo que gasta solo el municipio de París: hay doce millones de españoles que no saben leer ni escribir[21]: calcúlase la asistencia á nuestras escuelas en un 50 por ciento, mientras dicha asistencia es de un 97 en Suiza y los Estados Unidos y de un 99 en Alemania[22]: y, por último, viven (ó se mueren de hambre) más de once mil maestros con una peseta cincuenta céntimos diarios y cerca de mil con solos 34 céntimos (¡!).

¿Hay que decir algo más después de esta vergonzosa cifra acordada tal vez por los mismos que con ironía acaso involuntaria pero hermana gemela de las sangrientas burlas del Pretorio, se complacen en llamar al desventurado maestro, «la piedra angular del edificio social» y «el sumo sacerdote del Progreso»?: ¿hay que decir algo más?: parece imposible ennegrecer el cuadro y sin embargo todavía me resta decir, porque en este bochornoso desprecio de la escuela, nuestro país se ha superado á sí mismo; todavía me resta que decir que hace ya mucho tiempo que nuestros municipios han perdido la honrada costumbre de pagar esos miserables 34 céntimos y que en Junio de 1895, última estadística que he podido consultar se debían á los maestros españoles, *cuarenta millones de reales.*

Después de esto ya no hay que discutir si nuestras escuelas son mejores ó peores: si la enseñanza de los institutos y universidades es más ó menos vacía y aparente, libresca y membrista como la llaman Costa, Unamuno y Picavea: ni si el Estado considera la instrucción como riqueza imponible, industria lucrativa ó renta del Tesoro. Pero sí hay que decir, á la vista de tales desdichas, como no deben sorprendernos, ni la candorosa arrogancia con que fuimos á medir nuestras fuerzas con el coloso americano, cosa de antemano bien medida por el mundo entero: ni los desmayos de la opinión tan lamentados por el Sr. Silvela: ni la glacial indiferencia con que nuestro pueblo viera desvanecerse sus dominios coloniales; no hay que preguntarse ya porqué puede y debe hablarse en España de la *europeización* de este pedazo del europeo continente, ni porqué se habla fuera de España de nuestro suelo como de suelo *colonizable*; no hay que preguntarse, en fin, porqué las voces que pretenden despertar las dormidas energías de la raza, son como voces que claman en desierto: es que claman en los desiertos solitarios de las inteligencias sin ideas, más áridos e infecundos que todos los desiertos de la Tierra.

Sabios y experimentados profesores habrán de hacer en esta tribuna la pintura de la enseñanza española: sin invadir su terreno yo no puedo decir una palabra más; pero habréis de perdonarme, como ellos me la perdonarán, una última afirmación, para concluir con este punto: vedla aquí. No sabemos, ni queremos saber en estos momentos, si la enseñanza es ó no función del Estado, si debe resolverse por la autoridad ó por la libertad, pero, puesto que el Estado se arroga la atribución de enseñar, *que enseñe*; porque si hemos de seguir con nuestras escuelas albergadas en locales inmundos y nuestros famélicos maestros y nuestros métodos rutinarios y nuestras enseñanzas palabreras: si han de continuar las Universidades siendo las madres fecundas de los tristes mendigos de levita que piden su mendrugo al Presupuesto: si se han de seguir invocando *las economías* en frente de un negocio en que como dice D. Víctor Balaguer «tanto más se cobra, cuanto más se gasta», entonces mejor nos será renunciar desde luego á las locas esperanzas de una regeneración imposible; pero bien entendido que al hacer esa renuncia, hacemos la renuncia de la Patria, porque la juventud de hoy, será la España de mañana, y si de un pasado aventurero y loco ha nacido un presente enclenque y enfermizo, de este presente ruin y desmedrado, el porvenir nacerá muerto.

No menos importantes que los problemas económicos y pedagógicos son el *jurídico* y el *social*; pero la imposibilidad de abarcar en una ojeada de conjunto, asuntos tan heterogéneos como los comprendidos bajo la primera denominación: el haberme yo ocupado desde este mismo sitio del contenido del segundo y, más que nada, el firme propósito de no abusar de vuestra indulgencia sino en la medida de lo imprescindible, me resuelven á no tratar dichas cuestiones, aun con la certidumbre de agregar á los muchos defectos de mi trabajo el de hacerle inarmónico y desproporcionado. Nada perdéis con mi silencio: nada tampoco hubierais perdido con que callara por completo; los ilustrados ingenieros, los escritores distinguidos, los sabios profesores, los jurisconsultos elocuentes y los pensadores profundos que han de ocupar esta tribuna, llenaran su misión, con tanta brillantez que habrán de hacerme sentir cien veces la vergüenza de no haberme sabido colocar á la altura de la distinción con que me honraron y de ellos, no de mí, habréis esperado siempre el concienzudo estudio de los problemas nacionales. En cuanto á mí toca aún me restan que hacer algunas consideraciones sobre un punto común á todos los problemas, y ellas constituirán la última parte de mi conferencia: me refiero á la actitud que en frente de aquellos debe adoptar el pueblo español y que debe ser, á mi juicio, la siguiente: olvido del pasado legendario, mas sin desprecio de la historia: conciencia de las desdichas del presente, mas sin terrores ni desmayos: confianza en las propias energías mas sin jactancias ni optimismo y con propósito de usarlas para conquistar el porvenir. Procuraré razonar.

Hace ya mucho tiempo que pasaron los días en que las naciones eran como patrimonio de los gobernantes; hoy en la legislación de todos los pueblos cultos se encuentra consagrado el principio del gobierno del pueblo por el pueblo mismo; si los pueblos se hunden, ellos solos se tienen que levantar: si hay en ellos problemas en que pensar, ellos solos los tienen que resolver.

No es, por fortuna, en esto nuestro país una excepción; pero largos siglos de anulación del individuo, de gobierno absorvente y centralizador le han alejado de la gestión de sus propios intereses y le han acostumbrado á considerar los problemas de su propia vida como ajenos problemas: es que el mecanismo inmóvil se enmohece y el músculo inactivo va á la atrofia; y, sin embargo, precisa que la opinión se decida: lo piden hasta los mismos gobernantes que se duelen de encontrarlas sin pulso: precisa, si no se quiere dar la razón á los que piensan como el famoso antropólogo francés que dijo «el pueblo español es un pueblo muerto y mandado enterrar hasta nueva orden»: si no se quiere hacer verosímil la extravagante afirmación de Yves Guyot «así como España es una prolongación de Marruecos, el español ha heredado de los moros el fatalismo musulmán»[23].

Nada de fatalismos: nada de doblar la cerviz cobardemente delante de un suicida «estará escrito»: sobre el destino de las naciones, no hay nada escrito para las naciones cristianas: siempre serán lo que Dios quiera que sean; pero Dios no quiere que sean sino lo que ellas merezcan ser: que si es verdad que en cierto modo los pueblos se encuentran sometidos á leyes que parecen precipitarles en una evolución indefectible, no es menos verdad que por encima de todas esas fatalidades se alza la libertad, en cuya virtud tantas veces los pueblos las niegan y desacatan y dominan, por solo el incontrastable imperio de su soberana voluntad. Y sobre todo quédense para otras razas los desmayos y los desfallecimientos, no para la nuestra cien veces contrastada y fortalecida en la desgracia: que á más profundos abismos hemos rodado y de ellos hemos al cabo resurgido con alientos nuevos y con nuevos bríos para llevar hasta las más altas cimas de la Historia el glorioso estandarte de la patria. Permitidme, si no, que yo recuerde, como recuerdan todos los que hablan y escriben de estos asuntos, las espantables caídas de nuestro pueblo; pero antes perdonad una ligera digresión.

No soy yo ciertamente de aquellos que procuran suavizar las amarguras presentes con los dulces recuerdos de pasadas grandezas, fingidas acaso más que reales: ni menos de aquellos otros que, pretendiendo el imposible de hacer retornar un pueblo sobre el camino á tanta costa recorrido, sueñan con absurdas resurrecciones de fórmulas arcaicas y de sistemas fenecidos. En el camino por donde, cumpliendo leyes providenciales, van los pueblos, no es hacedero retroceder: por eso avanzamos siempre: tal vez sin emplear las propias energías para la progresión, tal vez á remolque de los que van delante, tal vez, aun á pesar nuestro, que acaso la ley del progreso habrá de cumplirse aun sin la voluntad de algunos y acaso el torbellino civilizador de la humanidad arrastra hacia las oscuridades de lo por-venir aun á aquellos que no quisieran progresar, del mismo modo que el planeta arrastra á todos, á los que lo saben y á los que lo ignoran, á los vivos y á los muertos, con velocidades vertiginosas, por entre las negruras del espacio.

Ni hay porqué lamentar la imposibilidad de esta retrogradación; con sus ignorancias y con sus miserias, con sus errores y con sus desastres, con sus malas costumbres públicas y sus no muy buenas costumbres privadas, nuestros tiempos, aunque muy malos, mejores son que los pasados tiempos; los cuales si de grandeza y poderío territorial pudieran justamente ufanarse no por eso dejarían de aparecer ante nuestros ojos, retratados como lo retrataba un escritor del siglo XVI en el siguiente sugestivo título de un libro suyo. «Los seis aventureros de España, y de cómo uno vá á las Indias, el otro á Italia, el otro á Flandes, el otro está preso, el otro anda en pleitos, y el último entra en religión. Y de cómo no hay en España más gentes que estas seis personas sobre dichas»[24]. Tiempos aquellos, señores, con cuyos esplendores y triunfos mil veces nos hemos enorgullecido, pero que no por eso dejarán de aparecer ante nosotros con sus monarcas intolerantes ó corrompidos ó degenerados: con sus Cortes eternamente pidiendo y eternamente menospreciadas: con sus Torquemadas y sus Lermas y sus Olivares y sus Godoy: con sus despobladoras emigraciones y sus expulsiones inicuas: con sus intrigas palatinas y sus tapadas callejeras: con su desenfrenada soldadesca y sus legiones de vagabundos; sociedad incomprensible de aventuras y desafíos, supersticiones y fanatismos; días miserables de las estudiantina sopista y de las rondas del Refugio: pasado bochornoso que nos ha creado en Europa la *leyenda negra* y cuyo cuadro se presenta ante nuestros ojos siniestramente iluminado por los rojizos resplandores de aquellas hogueras encendidas en nombre de un Dios de amor, que había proclamado «Misericordia quiero, no sacrificios: amad á vuestros enemigos: perdonad no siete veces, sino setenta y siete: es: imitad á mi Padre que hace resplandecer el Sol sobre los buenos y sobre los malos». No, no; dejemos el pasado para la historia: sin el poder de Dios no es posible resucitar á los muertos, pero si fuera posible, no querríamos: lo muerto, bien muerto está.

Y hecha esta salvedad para fijar bien el alcance de mi recuerdo, recordad ahora según antes os decía, recordad como ante las huestes agarenas quedara reducida nuestra patria á un puñado de rudos montañeses en las breñas y riscos asturianos; pues con ser tan colosal el desastre y tan menguado el territorio y tan exiguas las fuerzas, allí estaba y de allí salió la nación de las grandezas futuras: allí estaba y de allí salió el pueblo que por su Dios y por su Patria, había de dar cima á la empresa más tenaz y perseverante de cuantas empresas las historias narran, al clavar, tras de lucha gigantesca, la cruz del cardenal Mendoza sobre las altas torres de la Alhambra. Recordad, si no, la historia de Castilla durante el reinado de Enrique *el impotente*: historia de prelados cortesanos y belicosos, de nobles ambiciosos y levantiscos, de vasallos hambrientos y envilecidos: cuadro tristísimo de revueltas y luchas, de desenfreno y anarquía, coronado por la lastimosa figura de un monarca cubierto de oprobio y de vergüenza, confesando solemnemente su propio deshonor y su propio vilipendio; pues también, también de aquel abismo de inmoralidad, de aquel caos de relajación y de indisciplina surgió al cabo la santa unidad de la patria y el orden y prosperidad del reinado de los Reyes Católicos, y la luz esplendorosa que guiara los pasos del almirante genovés para arrancar de las profundidades del Océano el espléndido continente americano. Recordad, por último, la España de principios de siglo: hambrienta y empobrecida, gobernada por un valido encumbrado merced á la gallardía de su porte y el impudor de su reina, invadida por el dominador de toda Europa, abandonada de sus gobernantes, traicionada por sus reyes, condenada á ser rota y desbaratada y disuelta y repartida: pues también, también de aquella noche tenebrosa de infamias y de traiciones, surgió á la postre algo que valía más que el ilusorio dominio de dos mundos: surgió el pueblo español, aleccionado en las defecciones de sus reyes y en el abandono de sus magnates; sólo, sí, pero con conciencia de su soledad: surgió el pueblo español, el que había corrido tantas veces á dejarse matar sin saber por qué, ante los caprichos de un monarca, en América y en África, en Italia y en Francia, en Hungría y en Alemania, y en Bélgica y en Holanda, para dejarse matar ahora también, pero ahora por su hogar y por sus leyes, tras de los muros de Gerona y en las calles de Zaragoza y en los desfiladeros del Bruch y en las llanuras de Bailén; surgió la España moderna, el árbol frondoso de la libertad, á cuya sombra vivimos, que más frondoso aún debe cobijar la vida de nuestros hijos y que no podemos dejar talar ni destruir porque arraiga y se nutre sobre los cadáveres de nuestros padres, y ha sido mil veces regado con su sangre generosa.

Aprovechemos, pues, las lecciones de la Historia y deduzcamos la esperanza consoladora de que si las energías de la raza han sabido triunfar tantas veces de tantas situaciones desesperadas, también ahora lograrán sacar triunfante, del abismo de sus desdichas, una España nueva y regenerada, aleccionada por la experiencia, curada de sus fatales romanticismos, purificada por sus lágrimas y por su martirio.

Pero si todo esto ha de ser alguna vez, labor de todos ha de ser: no esperándolo locamente de la casualidad, ni del milagro: no fiando nuestra redención á un Mesías ilusorio que nunca llegará: no poniendo tampoco nuestras esperanzas en un solo hombre, llámese como se llame y venga de donde viniere, que esto siempre será, en mi sentir, cambiar un momento de esplendor, tal vez aparente, por una eternidad de tristezas amargamente reales; que esto es anhelar la grandeza maravillosa de los Reyes Católicos, para caer en las locas vanidades de un Carlos I, en la sombría intolerancia de un Felipe II, en la debilidad y apocamiento de un Felipe III, en la corrupción de un Felipe IV, ó en las supersticiones y la imbecilidad de un Carlos II: que esto es suspirar por el grande y honrado Carlos III para dar en el torpe y afrentado Carlos IV ó en el ingrato é hipócrita Fernando VII. No: lo que hayamos de ser, por nosotros mismos lo hemos de ser: lo que por nosotros no sea, no será nunca: y bien nos bastamos: que al recordar los grandes que nos han regido, esclavos de tantas tiranías y al contemplar al libre ciudadano de los pueblos modernos, de tantas energías soberano, bien podemos pensar como pensaba Franklin «que un campesino puesto en pie, más levanta que un César de rodillas».

Si, pues, alguna vez se ponen en pie los ciudadanos españoles, para ver y ser vistos por encima de la cordillera pirenaica: si clavan con envidia sus ojos en los que, más felices que nosotros, van delante por los caminos del progreso: si buscan en sus propias energías lo que tanto tiempo han buscado inútilmente en las ajenas: si sacuden la morbosa apatía que nos han legado eternos siglos de enervadora tutela ¿quién lo duda?: entre sus manos renacerá la Patria. ¡La Patria! vosotros lo habéis oído aquí mismo de los inspirados labios del elocuentísimo orador, en cuyas frases busco salvador refugio, para no empequeñecer con la torpeza de mi lengua la alteza soberana del concepto: «la Patria, dijo, no es el territorio, ni la raza, ni la religión, ni el idioma, ni las leyes, pero es algo que surge de todo esto fundido y compenetrado: es el humilde taller del artesano modesto y la fábrica inmensa con sus legiones de operarios: es la ermita solitaria cuya esquila convoca á los campesinos en sus fiestas y la soberbia catedral, por cuyas naves han desfilado las generaciones con el pensamiento fijo en la eternidad: es el canto bélico que evoca las hazañas de nuestros antepasados y el canto popular que contiene el poema de nuestra vida íntima: es, en fin, algo por cuya virtud vivimos parte de la vida que vivieron nuestros padres y en donde producimos gérmenes de la vida que vivirán nuestros hijos»[25]. Pues bien; yo quiero deciros, antes de terminar, que cuando los ciudadanos olvidan sus deberes y los Estados se debilitan y el extranjero, siempre acechando, se avecina, todo esto se borra y desvanece; y el edificio social con tantos y tan ricos materiales construido, oscila y se cuartea y se derrumba; yo quiero deciros que, cuando esto ocurre, cállanse las campanas de los templos, como han callado tantas veces, como callaron un tiempo en nuestra Patria para ser reemplazadas por el triste alarido del almuédano, como callan ahora en los que fueron dominios españoles, delante de los mandatos del vencedor: yo quiero deciros que entonces, el obrero libre que contrataba el esfuerzo de sus brazos á cambio del sustento de sus hijos, se trueca en el miserable esclavo que trabaja para su señor, bajo el látigo del capataz; y enmudece la lengua para hablar con el habla de la patria: y se extinguen las razas; y se olvidan las tradiciones y las leyendas: y no vibra la lira del poeta si no es con acentos melancólicos, tristes como los gemidos que arrancaran los vientos del desierto á las arpas de los hebreos cautivos, colgadas en los cipreses babilónicos...; pero quiero deciros también que no es posible que ocurra entre nosotros tan grande desventura; que porque no ocurra, cuanto precise hacer, harán los españoles: olvidando sus luchas y querellas, sus discordias de escuela ó de partido, sus esclusivismos de clase ó de región, nutriendo con afán sus energías en el amor sublime de la Patria: porque su lengua y su religión son aquellas que aprendimos en la cuna, de labios de nuestras santas madres: porque ante su historia nos hemos enorgullecido con sus triunfos, como si fueran propios y como propias hemos llorado amargamente sus desdichas: porque de sus poesías y sus cantos, de sus tradiciones y leyendas hemos alimentado el alma, como hemos alimentado el cuerpo de los productos de su suelo, ¡suelo bendito! para nosotros, puesto que guarda los restos de nuestros progenitores, venerandas reliquias que no queremos, no, no queremos, que duerman el sueño eterno de la muerte sino á la sombra sagrada del pabellón augusto de la Patria.

HE DICHO

En torno al gran problema[26]

Una caritativa sonrisa de desdeñosa conmiseración es la respuesta más piadosa á que puede aspirar quien, por estas tierras en que escribo, tiene la mala ventura de tomar en boca la cuestión social. Para los *espíritus fuertes*, que acaso enmascaran con olímpicos desdenes, miopías intelectuales, son, los que proponen reformas que alejen el conflicto, imprudentes alentadores de indisciplinas y rebeldías sociales, y augures siniestros son de un porvenir que *no puede* llegar; y fantaseadores inexpertos que han nutrido sus almas con lecturas nocivas y empecatadas, los que predicen tremendos choques y sangrientas luchas, los que sienten que el suelo retiembla bajo sus plantas con extremecimientos precursores de formidable terremoto. A creerles, el gran problema, el problema universal en nuestros días, el que agita la mente de publicistas y políticos, de gobernantes y príncipes de la iglesia, el que habrá de resolver, entre sacudidas y convulsiones, la venidera centuria, no es problema en Jerez; lo han resuelto ya, la caridad de los de arriba y la resignación de los de abajo.

Los que vivimos *en medio*, presentimos que yerran. Los que vivimos en medio, sin el respeto de los unos, ni la simpatía de los otros, sospechosos á entrambos, vemos cómo un día se agrupan los obreros en frente del capital y otro día los capitalistas en frente del obrero; cómo un día surge la huelga, con sus quebrantos en el negocio del rico y sus hambres en el hogar del pobre, y al otro acaba la lucha, no por la *transacción* de ambas partes, sino por la *victoria* de una sola; victoria de hoy, seas de quien seas, ¿qué represalia engendras para mañana si á los agravios, reales ó fingidos, que motivaron la lucha, habrás de sumar el agravio del vencimiento? Los que vivimos en medio, observamos cómo se alza, frente á las arrogancias de los primeros, el aborrecimiento de los segundos, notamos cómo al alarde de fuerza de los unos, responde el alarde de fuerza de los otros, enfilando, tras el ataúd de un compañero, imponente cortejo de silenciosa muchedumbre; y recordamos, en fin, con infinita amargura, tras la sangrienta jornada de una noche de Enero, las tremendas justicias de una mañana de Febrero. Espíritus fuertes, los que sonreís desdeñosamente cuando se os habla del problema social, convenid en que muy grave debe ser el mal que ha levantado *tres veces* el patíbulo en nuestras plazas y colocado el cuello de *doce* hombres bajo el tornillo del garrote y colgado racimos de cadáveres sobre las tablas del cadalso, porque si el mal no fuese grave y la represión ineludible, aquellos terribles ajusticiamientos, no fueran la dolorosa pero necesaria justicia de los buenos, sino la horrible venganza de los fuertes.

Sí: existe el problema desgraciadamente y... acaso no debiera existir. Si la cuestión social es, como se ha dicho, una *cuestión de estómago*, se explica su existencia con caracteres insolubles, bajo los cielos plomizos de los países del Norte, entre las inclemencias de su clima, y las esterilidades de su suelo; se explica que los grandes centros fabriles arrojen, en sus temibles crisis, sobre las calles de las poblaciones, los «ejércitos del hambre», se explica que las áridas estepas rusas vomiten el sombrío *nihilismo* y el implacable Bakounine; pero no se comprende aquí, en este rincón de la hermosa Andalucía, entre las benignidades de su clima y la sobriedad de la raza y los esplendores de su cielo y la fertilidad de sus tierras, perennemente reanimadas por el soplo de vida de una eterna primavera.

Lenguas se hacen los que las conocen de la feracidad de nuestros valles y las riquezas de nuestros montes, repitiendo hoy los conceptos que hace doce siglos mereciera nuestra tierra al caudillo de la conquista musulmana: «Es, decía, una Siria por la belleza del cielo y de la tierra; un Yemen por el clima; una India por sus flores y perfumes; un Egipto por la fertilidad; una China por sus metales preciosos».

País tan rico por la voluntad de Dios, pobre no puede ser sino por la negligencia de los hombres. Que los que pueden ayuden, en vez de estorbarla, la obra de la Naturaleza; que piensen si el latifundio y el absenteismo y la incomunicación y la rutina, esterilizan ó no los fecundos senos de nuestra virgen tierra; que mediten si leyes como la inglesa *Small Holding Act* y colonizaciones en nuestro término, si sociedades de crédito y de ferrocarriles y de pantanos, si nuevos cultivos y una cultura nueva no podrían transformar nuestro suelo semiafricano en el paraíso del mundo, donde satisfacerse lograrían los refinamientos del rico, sin mengua ni menoscabo del bienestar del pobre.

Interés es de todos: háganlo los que puedan. Que no lo hagan por patriotismo ya que acaso el patriotismo haya venido á ser como brillante pompa de jabón de relucientes irisaciones y aparatosa vacuidad. Que no lo hagan tampoco por acatamiento debido á los terminantes preceptos de la religión que dicen profesar; ya sé yo que, como escribía el cardenal Gibbon «hay dos Evangelios: uno escrito en el *Nuevo Testamento* que nos manda sacrificarnos por los demás, el cual solo rije un día á la semana: el domingo durante el sermón; el otro, que nos autoriza para sacrificar a los demás, rije los seis días restantes». Pero que lo hagan siquiera por egoísmo, ya que este parece ser la poderosa palanca que mueve los hombres y los pueblos en las postrimerías del gran siglo que agoniza, porque cuando las privaciones agobian y los dolores se suceden, y estrujan con su abrumadora pesa-dumbre el hambre y la miseria, los cerebros vacíos guiados por los estómagos ayunos no pueden ir á parte alguna que no sea la desesperación y la lo-cura. Es entonces cuando en las tinieblas de la noche y en las soledades de la sierra, de esa sierra que debiera ser el manantial inagotable de nues-tras venturas, es entonces, digo, cuando se forjan esas tremendas tempestades que descargan más tarde sobre el llano, como condensación siniestra de lágrimas y de dolores y de rencores y de odios. Es entonces cuando ebria, furiosa, fanatizada, se-dienta de sangre y de venganza, surje la horda anarquista, agrupada bajo el negro estandarte de la pan-destrucción backouniana y entonando con fu-ria el himno terrible «caballeros del dolor, campeo-nes de la humanidad»... No vale, entonces, que tras el crimen sangriento se alce la siniestra figura del verdugo: matamos al anarquista; no resucitamos las víctimas ni extinguimos el anarquismo; crímenes nuevos provocarán nuevas ejecuciones: éstas pro-vocarán nuevos crímenes y así... así no debe, así no puede vivir una sociedad que se dice *cristiana*, en lucha inacabable, en guerra perpetua, devo-rándonos incesantemente los que nos llamamos *hermanos* ante los ojos del Padre común, mientras repetimos diariamente ante los pies del Crucificado las palabras del sacerdote: «Gloria á Dios en las alturas y en la tierra PAZ Á LOS HOMBRES».

AMALIO SÁIZ DE BUSTAMANTE

Jerez-4-VII-900

SEGUNDA SECCIÓN:
CÁMARA DE COMERCIO

En esta sección se han seleccionado dos escritos como ejemplo de los trabajos realizados por Amalio en virtud de su actividad ligada a la Cámara de Comercio de Jerez. Muestran su preocupación (y ocupación) sobre múltiples incidencias relacionadas con el Comercio.

Deliberat Roma defiende la urgente necesidad de tratados comerciales internacionales, que regulen y faciliten las exportaciones agrícolas, frente a posturas dilatorias que no favorecen los intereses nacionales, empujando a los trabajadores a la emigración.

En el escrito *Del comercio hispano-ruso* Amalio reseña y comenta un libro sobre este asunto, ponderando la conveniencia de dicho comercio y dedicando una meditada discusión al papel de los intermediarios en la exportación, es decir, la *exportación indirecta*.

Deliberat Roma[27]

Conferencias, mítines, folletos, viajes estruendosos, manifiestos iracundos... Los fabricantes catalanes no se dan punto de reposo. Temblemos por nuestra pobre hacienda los demás españoles que no tenemos la fortuna de haber nacido fabricantes catalanes. Porque ya se sabe: cuando Barcelona labora, algo nuestro peligra. El rico, el próspero, el opulento Principado, no es el hermano mayor que desde las cumbres de su cultura y de su bienandanza tiende una mano protectora á los menores débiles ó pobres ó desgraciados, sino el vanidoso y egoísta *hereu* cuyos lujos, opulencias y vanidades se amasan con el patrimonio y las lágrimas y las hambres de todos sus hermanos.

El pleito de ahora son los tratados de comercio: el pretexto legal la *intangibilidad* de la segunda columna del Arancel. ¡Donosa hipocresía! Se finge pelear por la ley, por los fueros del Parlamento, por la santidad de la palabra empeñada, cuando en rigor por lo que se lucha bajo ese lema de la intangibilidad es por el provecho logrado en campos de batalla que el descuido y la buena fe dejaron abandonados: es el tan conocido procedimiento de todas las usurpaciones: por la astucia, por el engaño, por la violencia, se escala un trono cualquiera: después para consolidar el dominio se pide al Derecho que legalice ó á la Religión que consagre: la usurpación deviene inviolable... *intangible*.

Habilidades de gente viva y madrugadora erigieron esa segunda columna: con ella no se puede tratar: por bajo de ella no quieren los catalanes que se trate, ni aun á reserva de la ratificación parlamentaria. ¿Es pues que no ha de haber tratados; que España ha de desenvolver su vida económica en el «espléndido aislamiento» de un desventurado y ridículo *Juan Palomo*?

Es eso, eso precisamente. Un diputado catalán lo ha dicho en el Congreso si no mienten las referencias. «No necesita España buscar salidas á sus productos agrícolas, porque España no come bastante». Y el Congreso lo ha oído y no se sabe que el Congreso tuviera una leve sonrisa para el orador.

¿Es, pues, que España deberá comerse, sin vender ni uno, los 8.000.000 de quintales métricos de aceitunas que dan sus olivos y los 500.000.000 de kilogramos de frutas que en sus huertas se crían? ¿Es que debería renunciar á traer del Reino Unido en buenas libras esterlinas los *cincuenta millones de pesetas* que á cambio de naranjas nos entregan los ingleses y los *veinticinco* que por vinos nos mandan? ¿Es que será preferible arbitrar medios para hacer que se coman los hambrientos del orador los 50.000.000 de kilos de uva que exportamos el año pasado y por los cuales nos dió el Extranjero 17.000.000 de pesetas? ¿Es que será mejor que nos bebamos en familia los *cinco millones de cubas* de mosto que una mediana vendimia hace fluir por las piqueras de los lagares españoles?... ¡Vaya!...

Pero el tiempo pasa y los convenios comerciales no se consolidan. El tratado con Alemania se discute: al tratado con Suiza le falta la sanción parlamentaria: el *modus vivendi* con Francia logra en estos instantes la tercera prórroga *mensual*. Todo es incertidumbre y provisionalidad: no hay cálculo que no sea un azar, ni comercio que no resulte lotería. Y mientras que los industriales catalanes agitan y las comisiones intrigan y los periódicos discuten y charlan los diputados, ni la Agricultura, ni la Industria, ni el Comercio saben qué será mañana de sus intereses, y las muchedumbres se estrujan en los muelles asaltando los trasatlánticos que los alejan de esta tierra de las ambiciones triunfantes y los egoísmos desenfrenados. Por eso, al tornar los ojos sobre tantas miserias, brota entre los labios la frase histórica *Roma deliberat, perit Saguntum*. Sí, sí; los fabricantes se agitan: los agricultores se defienden: el Gobierno se preocupa: las Comisiones deliberan: los diputados discuten... pero España se nos va.

AMALIO SAIZ DE BUSTAMANTE

Del comercio hispano-ruso[28]

UNA LECTURA ÚTIL

El «Fomento del Trabajo Nacional», de Barcelona, dando plausible ejemplo de cómo debe favorecerse la divulgación de los datos, comentarios é iniciativas que al comercio español importan, ha publicado á sus expensas este libro de que nos vamos á ocupar ligeramente. Titúlase *Tratado de comercio con Rusia*: es del notable escritor catalán D. Simeón Muguerza y lleva un prólogo del Sr. Rahola. Procuremos sintetizar su contenido.

Tienen más importancia —nos parece que piensa el Sr. Muguerza— mucha más importancia de lo que se cree nuestras relaciones mercantiles con el imperio de los Czares. Rusia nos manda mercancías por valor de cincuenta y tantos millones de pesetas: ocupa el tercer lugar, casi al nivel de Francia, en el movimiento marítimo de nuestra importación: los barcos que zarpan de sus puertos descargan en los nuestros sobre 250.000 toneladas de 1.000 ks.: Rusia tiene 130 millones de habitantes; Rusia, en fin, puede ofrecernos colocación para *una décima parte* de nuestra exportación.

Debemos, pues, todos, productores, industriales, navieros, Cámaras, Prensa, etc., abogar incesantemente por un tratado con Rusia.

Ese tratado es muy fácil; no hay incompatibilidades ni antagonismos; sus productos no son los nuestros: los nuestros no los tienen y los necesitan. De allá pueden venir maderas, lino, cereales, petróleo... petróleo sobre todo: de aquí podemos enviarle aceite de oliva, corcho, frutas, conservas, minerales, vino... sobre todo vino: Rusia bebe todos los años unos cuarenta millones de pesetas de vinos extranjeros: Rusia importa anualmente más de un millón de duros de *coñac*. Y aún hay una circunstancia que nos favorece... Pero esta circunstancia merece párrafo aparte.

Esa circunstancia es, por así decirlo, el *tema* del Sr. Muguerza, el *leif motiv* del notable folleto: salta en todas las páginas; giran á su alrededor todas las cifras y razonamientos: y viene á ser, en el trabajo del laborioso escritor, el manantial de donde fluyen las nobles iniciativas, los patrióticos optimismos y... alguna vez las amargas injusticias. Acabemos ya de decirlo: esa circunstancia es *la exportación indirecta*.

Nosotros no mandamos *directamente* á Rusia más que dos millones y pico de pesetas: pero Rusia compra enormes cantidades de naranjas, de uvas, de aceites, de vinos... todo ello de España; se las compra á otros pueblos. Italia y Francia, que cosechan aceite, nos compran aceite y los reexportan al imperio moscovita: Inglaterra, Alemania, Dinamarca, Suecia, bajo cuyos cielos húmedos y grisáceos jamás maduraron bien los frutos dorados de la vid y cuyo ambiente nunca se perfumó con el penetrante aroma del azahar, son las naciones proveedoras de Rusia en cuanto á naranjas, limones, uvas y vinos se refiere. Claro está que los adquieren en nuestra patria: que los trasportan bajo su bandera: que tal vez los manipulan, envasan y acondicionan y que al fin se los revenden á los súbditos del Emperador de todas las Rusias.

Tiene dos caras esta circunstancia: la una alegre, que dice: «luego Rusia gusta de nuestros productos, aún encarecidos por la intermediación y quizás sofisticados». Otra triste que murmura: «bueno, sí, pero los intermediarios cobran su corretaje, realizan ganancias con productos nuestros, y nuestras debieran ser también esas ganancias». Con la expresión de la cara alegre nos basta para declararnos partidarios sinceros y entusiastas de un tratado con Rusia, para proclamar su conveniencia y su facilidad.

En cuanto á las querellas de la cara triste, permita el Sr. Muguerza una ligera discrepancia: discrepancia que en nada amengua el concepto que de su meritísimo trabajo hemos formado y que exponemos no ya respetuosa sino hasta tímidamente, más que por voluntad de emitir opiniones (que por ser nuestras tenemos justamente en muy poco) por necesidad de cortesía de acudir lealmente á donde nos llaman las francas alusiones del folleto á las Cámaras andaluzas.

El Sr. Muguerza se enoja con los beneficios que logran los intermediarios extranjeros: y de su cólera brotan injustas y acerbas censuras para los productores españoles. ¿Por qué no negocian directamente? ¿Por qué no lucran de las ganancias de los mediadores? «¿Qué se hacen —dice una vez— qué se hacen los cosecheros de Jerez, de Montilla, de Málaga?» Y venga después el hablar de la *ignorancia* y de la *rutina* de nuestros negociantes y exportadores: de la *incuria* de los que producen; de la ceguera de los viti-vinicultores que «se pasan la vida quejándose, creyendo NECIAMENTE que la curación vendrá sin acudir á los doctores»: «¿sabrá alguno de nuestros vinateros —exclama— les habrá pasado por las mientes que si Inglaterra, Alemania, etc., nos compran vino no es para bebérselo sino para lucrar con ellos revendiéndolos? Y mientras tanto —añade en otro lugar— nuestros cándidos productores *que no ven más allá de sus narices*, se imaginaban que se llevaban sus vinos para consumirlos en su país...» ¿A qué seguir?

Pues bien, no; yerra el Sr. Muguerza: y si el siempre saludable temor de errar hubiera cruzado por su mente á la hora de escribir, tal vez hubiera dulcificado la ruda aspereza y punzante acrimonia de la frase. Por graves que sean nuestras ignorancias no son tan grandes como el Sr. Muguerza sin fundamento supone. Son muchos los productores españoles que tienen más motivos y más dolorosos que el Sr. Muguerza para saber cuál es el último destino de sus mercancías. Lo que hay es que, en primer lugar, es muy difícil sustituir al actual proveedor de ese destino último...

Y luego... ¿es acaso tan sencillo problema este problema del comercio indirecto y de la supresión de los intermediarios? ¿Son factores indiferentes la posición geográfica, las relaciones étnicas, la mutua posesión de los respectivos idiomas, las conexiones mercantiles preestablecidas, los convenios internacionales y hasta la amistad circunstancial ó el prestigio de la bandera de la nación mediadora? ¿Cuántos de los artículos que hoy nos consume Rusia consumiera si los que los llevaron allá no hubieran sido ingleses ó alemanes? En las mercancías indiferentes, en las que no son de primera necesidad, hay naciones árbitras del gusto y de la moda en otros pueblos y les imponen el consumo de un producto; es por esto quizá por lo que el Sr. Muguerza y yo vestimos el molesto pantalón, el estrecho botito y el ridículo *cap* á la *dernier nouveauté* en vez del turbante y la chilaba y la babucha morunas, prendas más cómodas seguramente y acaso de más alta y sugestiva estética: pues bien, utilizar, *aun pagándola*, la influencia de esas naciones dominadoras del gusto como intermediarias, puede ser en ciertos casos hasta obra de honda sabiduría mercantil, y pretender, en ciertos otros, suprimir codiciosamente la intermediación puede llegar á ser hasta suicida.

Y por lo que á nosotros toca, dos palabras. Pocos negocios como el negocio del *Jerez* para contrastar el valor de las aseveraciones del Sr. Muguerza. Fueron un tiempo los ingleses nuestros ÚNICOS compradores: ellos lo defendieron y ensalzaron: lo hicieron predilecto en sus mesas aristocráticas é imponiendo el paladar británico á los súbditos, á los aliados, á los amigos, difundieron el *Sherry* por el mundo, haciéndolo beber desde sus protegidos del Canadá hasta sus colonos de la India. Hoy las cosas han cambiado; están muy lejos los días en que el Embajador de la Reina Victoria en la corte de España pedía á Londres el *Jerez* de sus banquetes de Madrid; ya hace mucho tiempo que empezamos á *suprimir el intermediario*; ya llevamos *directamente* nuestro vino á todas partes; ya tenemos alguien en los más escondidos lugares del Globo; lo mismo salta un viajante jerezano en las playas del mar de la China que en las semidesiertas selvas de Centro-América ó Colombia; ya hemos dejado de ser los tributarios del inglés; ya no somos –como dice el Sr. Muguerza– ni cándidos ni rutinarios, ni ignorantes ni necios... Sí, sí... pero es el caso que ahora al ver la decadencia de nuestro negocio, nos preguntamos, sin acertar con la respuesta: ¿Ha sido un bien? ¿Ha sido un mal? Y se discute, se discute y no se acaba sobre qué es más conveniente para nuestros intereses: esta emancipación que nos hemos ganado ó aquella tutela inglesa que á tanta costa sacudimos...

Terminemos fijando el alcance de nuestras modestas y leales observaciones. Pensamos que será bueno SI SE PUEDE, suprimir el intermediario cuando suprimir el intermediario no sea también suprimir el negocio: pensamos que, por ser el problema muy complejo, no merecen los productores que no lo afrontan ciegamente, las duras calificaciones del Sr. Muguerza; la dolorosa experiencia de nuestra actividad nos ha hecho benévolos para la inercia de los otros: y pensamos por fin, que aquel distinguido escritor y su poderoso Mecenas «El Fomento» tienen buen derecho á las más fervorosas alabanzas por la publicación de este folleto cuyas páginas han brotado seguramente al calor de patrióticos anhelos de bienandanzas y prosperidades para nuestra pobre España.

AMALIO SÁIZ DE BUSTAMANTE

TERCERA SECCIÓN:
EL PANTANO DEL GUADALCACÍN

En el primer texto seleccionado, *Política Hidráulica*, se presenta la defensa de la necesidad y oportunidad del Pantano, con el llamamiento para que las instituciones jerezanas pasasen a la acción y que toda la sociedad acompañase esta iniciativa. Es el llamamiento al mitin del 23 de junio de 1901.

En el segundo escrito se transcribe el discurso pronunciado por Amalio en el mitin, en el que reivindica el derecho de Jerez a pedir el auxilio del Estado para la construcción del Pantano que habría de solucionar la grave crisis de la comarca.

El siguiente escrito, *La Raíz del Mal*, es coetáneo del periodo de *impasse* en las gestiones del Pantano; tiempo en que la crisis obrera se acrecienta, el anarquismo se expande y los terratenientes no suscriben los acuerdos necesarios para contribuir a la construcción de la Presa. Amalio analiza esta situación defendiendo la necesidad de declarar la *utilidad social* del regadío y, en caso de necesidad, reclamar la *expropiación forzosa de las zonas de riego* para desarrollar la *política hidráulica*.

Insiste, dos años más tarde, en el escrito titulado *Pantano y Expropiación*, puntualizando algunas opiniones vertidas en un artículo de Dionisio Pérez (Director de *El Diario Universal* de Madrid).

Y veinte años más tarde, en el artículo titulado *Los riegos del Guadalcacín... Decíamos ayer* plasma una sentida rememoración de cómo sus ideas le relegaron del proyecto, acarreándole acusaciones de «iluso, demagogo y anarquizante», para ver al Vizconde de Eza, Presidente de la Junta de Colonización y Repoblación interior, suscribir ahora sus propuestas.

Política Hidráulica[29]

I. A GRANDES MALES...

De la abundancia á la escasez y de la escasez á la miseria; hé aquí el ingrato camino recorrido por Jerez en menos de medio siglo. De la miseria al desastre no hay más que un breve espacio; si Dios no lo remedia, iluminando las inteligencias y enardeciendo los corazones de los que pueden estorbarlo ¡cuán rápidamente traspondremos esta última etapa de nuestro triste viaje, en el cual habremos rodado con estrépito desde las altas cumbres del bienestar y la opulencia, hasta los hondos abismos del hambre, de la despoblación y de la muerte!

No se concibe ejemplo de más rápida declinación, de mayor y más impetuoso derrumbamiento. Los que no hemos logrado la fortuna de alcanzar aquellos tiempos venturosos de inenarrable prosperidad, escuchamos la relación de sus maravillosas bienandanzas, como se escuchan las sugestivas narraciones de un cuento de hadas, salpicado de portentosos incidentes y milagrosas taumaturgias. Arrebatados por incesante demanda de opulentos compradores, iban los ricos néctares de nuestras vides privilegiadas, á constituir el espléndido ornato de las mesas de los príncipes: descuajábanse entonces, añosos olivares para ser reemplazados por extensas plantaciones del más renombrado viñedo de la Tierra: coronábanse los cerros de nuestros *pagos* con casas como palacios y erigíanse en la población, bodegas como templos: se urbanizaba la ciudad con fastuosas residencias y se felicitaban empresas tan gigantescas como el acueducto de Tempul: circulaba á raudales el oro, por entre todas las manos y surgía la donosa leyenda de las altiveces del cosechero que, con «palabra de rey», ponía precio á sus caldos, sin consentir la inspección de la mercancía y de las locas prodigalidades del rumboso jornalero que, calzado con bota charolada, se hacía llevar al *tajo* en pintorreado calesín.

Apenas puede creerse que esté tan cercano en el tiempo, aquel ayer casi legendario del que, por otros conceptos, tan distanciados nos sentimos. Hoy todos aquellos esplendores se han desvanecido. Sigue, el nombre de nuestro vino, siendo el nombre de un vino que mantiene su puesto en el mercado universal; pero es llevado á él entre las luchas enconadas de una competencia sin freno, ruinosa y suicida, que, abaratando el producto, le desprestigia y envilece, despojándolo de aquel carácter lujoso y aristocrático á que le daba buen derecho el ser preciado fruto de un legítimo monopolio natural; el altivo cosechero de ayer, es hoy el desventurado *mayeto* que tiene como fortuna *entregar* sus uvas al precio que quieran darle; abarrotadas las bodegas de los almacenistas, de vinos sin mercado, yacen enormes capitales en absoluta inmovilidad, totalmente retirados de la circulación, encadenados en una prisión inexplicable, sin esperanzas de libertad; vuela vertiginosamente el hálito devastador de la infatigable filoxera, trocando en triste y estéril erial la ayer frondosa campiña; cuartéanse los lujosos caseríos rurales, sin que haya una mano con bastante energía para impedir su incesante desmoronamiento; ofrécense, sin hallar comprador, por un puñado de reales, viñas por las que sus antiguos dueños desdeñaron ofertas de millones; no se vislumbra para qué puedan servir esas tierras, ni qué cultivo se intente, ni con qué capitales se emprenda; y, como consecuencia de tan abrumadora carga de desdichas (consecuencia por otra parte ineludible, porque la miseria general que se traduce como malestar en el hogar del rico, tiene que reflejarse como carencia hasta del mendrugo en el hogar del pobre), miles de jornaleros se sienten precipitados hacia las siniestras filas de un pauperismo sin redención y constreñidos á engrosar la nutrida falange de los *parados*. ¡Triste y peligrosa falange! Sin instrucción bastante para buscar nuevos derroteros; sin otra ayuda que el desmoralizador auxilio del socorro público ó la ciega limosna de la caridad privada; sin perspectivas consoladoras de encontrar un alivio á sus perennes infortunios; sin más consejos alentadores que los que alientan al odio y la rebeldía; sin más destinos visibles que la emigración ó la revuelta; sin esperanzas para el porvenir, ni pan para el presente, constituye, tiene que constituir, un amargo torcedor para los sentimientos de la humanidad y una amenaza constante de terribles convulsiones para la paz social; porque «cuando las privaciones agobian y los dolores se suceden y estrujan con su abrumadora pesadumbre, el hambre y la miseria, los cerebros ayunos, estimulados por los estómagos vacíos, no pueden ir á parte alguna que no sea la desesperación y la locura».

No sé si habrá algún optimista tan inconsciente y candoroso que encuentre el cuadro sobrecargado de tintas sombrías y le repute desdeñosamente como fruto de un desconsolador pesimismo, más retórico que científico y más fantástico que real. Al extremo en que tocando vamos no parece probable entre nosotros la existencia de ese ser inverosímilmente excepcional, tan venturoso que no haya soportado los zurriagazos de la crisis en las propias haciendas, ó tan desdichado que no haya sentido escalofríos de lástima y de miedo ante los zarpazos que da el hambre en el hogar ageno; mas, si existiera, piense que las circunstancias de la realidad vienen envueltas hoy, y han de venir aun más, en más sombrías lobregueces que las pálidas tintas con que las puede pintar pintor tan inexperto como el que ahora tiene que pintarlas.

Propiedad, trabajo, agricultura, comercio, todos cuantos medios de vida eran la vida de Jerez, han sido profundamente quebrantados por las violentas sacudidas de una espantosa decadencia; todas las fuentes de riqueza, los manantiales todos de la pública prosperidad vienen hoy á estar empobrecidos ó cegados. Asombro causaría, aun á aquellos inverosímiles optimistas de que antes hablaba, el cálculo minucioso de las pérdidas de nuestra riqueza, el doloroso balance de la ruina. Millones sepultados en magníficas construcciones rurales, hoy inútiles y ruinosas, cuyo valor es nulo de tal suerte, que ni aún se computa en las ventas de los predios á que están adscritas: muchos millones perdidos en la increíble depreciación de las edificaciones urbanas: millones y millones triturados por las voraces trompas de la insaciable filoxera sobre ocho mil hectáreas de viñedo casi en totalidad devastado; agréguense á ellos el valor de 200.000 hectolitros, cosecha anual de nuestros viñedos, que ya no volverán á comprarse y venderse en el mercado: el millón de pesos que, anualmente también, se distribuía entre los obreros viticultores, por el laboreo de las viñas hoy incultas: las considerables sumas á cuyo reparto daban ocasión el envase, transporte y manipulación de 40.000 botas de mosto: y reflexiónese, por último, que todas nuestras fuentes de riqueza quedan hoy reducidas á la mezquina producción de las tierras de «pan sembrar» en las que, aun agonizando el jornalero; se arruina el agricultor, y á los mermados ingresos de la exportación vinatera, mantenida á costa de inteligencia y actividad, pero combatida tenazmente por las mudanzas del gusto y las encarnizadas competencias, y cuyo importe, á más, por razones que no son del caso, sólo circula, en gran parte, por nuestra ciudad á título de *tránsito*, yendo á beneficiar comarcas, menos renombradas sin duda, pero, sin duda también, más venturosas que la nuestra.

Cuando todos estos datos se consideran fríamente, no parece razonable sustentar que tantas y tan espantosas tormentas se hayan podido desencadenar sobre un pueblo, sin que retiemble y se estremezca hasta los cimientos el edificio de su vida económica; ni es posible, sin candidez notoria, abrir el espíritu á las rosadas ilusiones de un inocente panglossismo que juzgue de nuestro estado por observaciones superficiales de cuatro apariencias engañosas; ni dejar de creer firmemente que vamos rodando despeñados por la pendiente del desastre, en cuyo término cercano dibújanse tristemente los campos yermos y la ciudad deshabitada.

Para impedirlo ¿qué hacer?

II. ...GRANDES REMEDIOS

Males tan graves, padecimientos tan hondos como los que he intentado describir, no rinden su potencia morbosa ni se declaran vencidos con inútiles paliativos ni curaciones sintomáticas. Dar trabajo oficialmente, porque el particular no puede darlo; dar pan, porque reviste caracteres *epidémicos* el hambre, acciones son laudables y humanitarias; procedimientos dignos del ferviente aplauso que toda conciencia honrada les tributa; medicinas *de urgencia*, cuyo empleo no puede en casos extremos rehuirse; pero, á la postre, medicinas *caseras*; inútiles las más veces, perjudiciales alguna; fautoras de un pasajero alivio en parte del organismo, á expensas del resto; mortificadoras del enfermo, sin detrimento de la enfermedad. A pesar de ellas, alentado tal vez por el engañador alivio que la medicación produce, el germen patógeno persiste laborando en el enfermo, prosigue imperturbable el ciclo de su desarrollo y al cabo el organismo, minado y destruido, se derrumba. Hay, pues, que operar resueltamente sobre las raíces del mal. El edificio se cuartea: no valen enjalbegados ni revoques; precisa recalzar los cimientos ó edificar de nuevo a planta.

Remedios de notoria eficacia en otros días y de conveniencia indiscutible en todo tiempo, no bastarían, sin embargo, ahora, para contener la ruina. Por ello, podrán y deberán estudiarse: el suministro de plantas para la reposición del perdido viñedo, como atinadamente proponía, no ha mucho, en reunión solemne, un distinguido convecino, cuyos caritativos sentimientos son de todos alabados; la reforma de las tributaciones al Municipio y al Estado, sobre bases más razonables y equitativas; la fundación de establecimientos de crédito, de virtualidad tan trascendente como los redentores bancos escoceses, que han *decuplicado* en un siglo la producción de la tierra, convirtiendo en fértiles comarcas un territorio incultivable, un desierto húmedo y malsano de desesperante esterilidad; el establecimiento de cooperativas de producción, como las mantenidas con tan heroicos esfuerzos por los viticultores alemanes y cooperativas de consumo, como las que funcionan á centenares, con tan maravillosos resultados, entre los obreros de todo el mundo; la adopción de fórmulas jurídicas para la participación de las tierras, quizás buscando orientaciones en las antiguas enfiteusis, quizás en los contratos forales á *rabassa morta*, que han cubierto de viñedos extensas superficies en Cataluña y en Valencia; y por último, la constitución de una sociedad de almacenistas, tan gallarda y elocuentemente preconizada por el Sr. Barrón, para abrir cauces de salida á una riqueza paralítica, que se extingue y agota, en el más doloroso y perjudicial estancamiento.

Podrán y deberán discutirse, ensayarse y emprenderse todos estos caminos y otros muchos que discurrirse puedan; convendrá acometer, resueltamente y desde luego, alguno y meditar sin tregua en los otros, para abordarlos en sazón… mas sin fiar á ellos la salvación anhelada, porque ninguno nos ha de conducir á una revulsión vivificadora tan honda como hace falta. Ésta sólo puede buscarse en una transformación radical del régimen de vida; en una ruptura definitiva con lo vetusto y anticuado; en una ferviente adhesión á todo lo progresivo, y en un aborrecimiento implacable á todo lo inconsciente y rutinario. Y la solución que mejor cuadra á estas exigencias, la que puede restituirnos nuestras perdidas bienandanzas; la que debe hacer de Jerez un pueblo más rico y más feliz que nunca fuera, se encuentra en el campo de la Agricultura: mas no en el estéril campo de la miserable y expoliadora agricultura tradicional, sino en el campo fecundo é inagotable de la sorprendente y maravillosa «agricultura científica».

Maravillosa ciertamente: porque no pueden menos de sorprender los titánicos esfuerzos realizados y los brillantes triunfos obtenidos por esta industria madre, sobre las hostiles y pertinaces fuerzas de la Naturaleza; batallando sin tregua, como afanosa de sacudir el sambenito de *rutinaria* que merecidamente obtuvo: como anhelante de trepar á marchas forzadas por el camino del progreso, recuperando el tiempo perdido, durante plazos seculares de inmovilidad y estancamiento. Esterilidades de los terrenos, degeneración de las especies botánicas, irregularidades de las aguas, inclemencias del clima, calores calcinantes, fríos destructores... todo lo vence y lo domina, desde que, a la sombra de la paz, que más que nadie necesita, abandonó la tradición por el progreso, y por la ciencia la rutina, dando lugar á uno de los aspectos más interesantes de la eterna lucha entre el hombre y el medio.

La tierra y los cielos se niegan á producir en algunos lugares del planeta: la inteligencia humana los reemplaza ó los subyuga: suple con abonos las infecundidades del suelo: mejora las especies con escrupulosas selecciones y fecundaciones artificiales: ¿no hay luz?, la produce en el arco voltaico: ¿no hay calor?, calienta el terreno bajo el invernadero y con el termosifón: ante el agua estancada realiza los avenamientos y ante las lluvias torrenciales y los campos sedientos, fabrica los pantanos.

Es ella la que acomete empresas tan colosales como la desecación del Tuyderzée acordada hace ocho días por el Estado, en Holanda: la que logra duplicar en un siglo el área cultivable, duplicando al mismo tiempo el rendimiento del área, como lo ha logrado en la República vecina, para la producción de cereales: la que transforma en fecundísimos vergeles, los más infecundos campos, cubriendo con lozana vegetación los áridos cascajos de Bélgica y las arenas graníticas de las islas del Canal de la Mancha: la que sorprende al mundo, desde las inteligentes granjas norteamericanas, premiando en públicos certámenes, producciones increíbles de 115 fanegas de maíz ó 30 toneladas de patata por aranzada: la que alimenta 400 habitantes por kilómetro cuadrado sobre el estéril suelo de Jersey: ella es, en fin, en opinión de algunos escritores, el seguro hacia el cual tornarán, en plazo no remoto, sus ojos las naciones, cuando el poderoso industrialismo que hoy las nutre, por ser de todas las naciones patrimonio, no pueda ser el patrimonio exclusivo de ninguna.

En ella parece, pues, que debe buscar Jerez la solución de la honda crisis que le aqueja. Cuando los datos citados, y otros cien tan sorprendentes como ellos, se encuentran en los libros, acaso una impresión de desaliento es el primer efecto de la lectura: ¡estamos tan lejos de esos adelantos!: mas una ligera reflexión convierte en esperanza el desaliento; todas esas maravillas se realizan sobre terrenos áridos, en climas inclementes y bajo eternas nieblas: ¿qué sería un cultivo moderno en este nuestro Jerez, sobre sus fértiles llanuras, en su constante primavera, bajo su cielo azul resplandeciente? Es esto lo único que nos queda de nuestra antigua grandeza; los únicos bienes que se han salvado del naufragio, porque con ellos no han podido ni la filoxera, ni los hombres; pues bien: sobre esos bienes habrá que cimentar el Porvenir.

No son tan despreciables: 150.000 hectáreas de terrenos: sierras empinadas en cuyas vertientes trazan profundos surcos los arroyos y brotan cristalinos manantiales: barrancos y estrechuras que brindan los pantanos casi hechos; extensas vegas, ríos caudalosos... ¿quién habla de emigrar de nuestro suelo? ¿á dónde? ¿en qué lugar de la Tierra ha puesto Dios tan abundantes fuentes de riqueza? Reneguemos cien veces de nuestra apatía, de nuestra pereza, de nuestra incuria; reneguemos cien mil del abandono en que sistemáticamente nos han dejado hasta hoy los gobernantes, tan negligentes para proteger esta región con obras públicas y tan celosos para esquilmarlas con insoportables tributaciones: pero no reneguemos de la tierra en que Dios ha querido que vivamos, porque ella es tal, que más hermosa y más rica no habíamos de hallarla, aun escudriñando cuidadosamente los más escondidos rincones del planeta.

¿Emigrar?... Decía un tan célebre economista como Roscher: «asoméjanse los que preconizan las emigraciones á un médico que aleja a sus enfermos, *para no verlos morir*»; yo sé (y el reconocerlo y declararlo, no es más que estricta justicia) que no son móviles tan egoístas los que hacen asomar á muchos labios, tan inhumanitaria solución de nuestros males; la bondad de la intención escusa á los que opinan, mas no mitiga la absurdidad de la opinión; para curar al enfermo sólo se les ocurre recetar una sangría y... ha pasado ya mucho tiempo desde que estuvo en boga la formidable terapéutica del Doctor Sangredo.

No: no está la solución en que se vayan algunos, sino en que vengan muchísimos; un hombre no es simplemente una boca: es también un cerebro y dos brazos; un hombre no es tan solo un copartícipe en la riqueza producida; es principalmente un *productor* de la riqueza no creada: si la Sociedad lo pone en condiciones, produce más de lo que consume y el remanente cede en aumento del caudal social.

Tierras sedientas y aguas sin empleo: campos incultos y obreros sin trabajo. Que se pongan *en contacto* estos elementos de riqueza que viven en nuestra casa desunidos y que suspirando por juntarse se pasan los días, con tristeza mirándose *á distancia*; que provoque la Ciencia y realice el Estado las lisonjeras nupcias, estrechando con lazo indisoluble el suspirado consorcio: la unión será fecunda y hará de nuestra casa en el mundo, sin duda, un paraíso. Sobre ese paraíso y á pesar de todos los Sangredos sociales, podrían vivir felices... (en el infecundo suelo de Bélgica viven hoy *218* habitantes, sobre cada kilómetro cuadrado: suponed en nuestro pueblo la densidad de población de Bélgica)... podrían vivir felices *425.000* jerezanos. No asistiríamos entonces ciertamente, al doloroso espectáculo á que ahora asistimos, contemplando cómo los campos agonizan por carencia de hombres, mientras los hombres se mueren por carencia de campos.

III. AHORA BIEN:

Si como creo haber bosquejado en las anteriores reflexiones, por ser mías tan pobres como honradas, Jerez perece aplastado bajo la inmensa presión de una funesta serie de desgracias y se agita estremecido por las tremendas convulsiones de una crisis profunda y pertinaz: si nos asalta á diario la amargura del hambre agena y las tristezas de la ruina propia y las zozobras de un oscurísimo futuro: si nos hallamos en peligro inminente de una vertiginosa emigración, no ya como sistema de curar, sino como *manera de morir*: si vivimos condenados, sin delito, á la insufrible pena de cimentar sobre la fuerza, el orden y nos vemos frecuentemente constreñidos á colocar, frente á las bocas de los hombres, que demanda pan, las amenazas de otras bocas, que vomitan fuego...

Sí... (prosigo el razonamiento, aun á trueque de convertirlo en indigesto alegato): si para estos *grandes males* que sufrimos, existen *grandes remedios* en la rica farmacopea que han discurrido los siglos para la curación de enfermedades sociales: si un cultivo inteligente nos brinda la devolución centuplicada de la enorme riqueza, por inclemente plaga destruida: si la constitución geológica y la latitud geográfica de nuestro extenso término, son poderosas armas que, exgrimidas por la agricultura científica, nos aseguran el triunfo en el mercado universal: si para todo ello es *base indispensable* la construcción de obras hidráulicas y su posibilidad y conveniencia están cumplidamente demostradas por el Sr. Gallegos en luminosos escritos recientemente publicados en este mismo lugar... ¿á qué esperamos? El remedio es urgente, las circunstancias propicias; ¿no hay un patricio respetable, un organismo prestigioso que tome sobre sí la honrosa misión de levantar banderas, que *todos* seguiremos, al grito de «Jerez por el pantano del Guadalcacín»?

Todos; porque todos están por igual interesados. Si en Jerez no se puede vivir, ciertamente, habrá que emigrar de Jerez: pero no será, no, para *remedio* del mal, sino para *venganza* de la apatía, de la ceguera, del error contumaz de los que no lo impidan. Los que se vayan, irán, de seguro, á morir oscura y tristemente en el destierro: pero su *fuga* matará á los que queden en la patria; iniciada la emigración se irán primero los más pobres: pero su ausencia hará pobres á los que antes no lo eran; y así iremos todos pasando de ricos á pobres: de pobres á mendigos y de mendigos á emigrantes. ¡Los pobres!: ¡cuánto yerran los que suponen que aligerado de este pesado lastre el barco que naufraga, navegaría el barco viento en popa!: olvidan que ese *lastre* es el que se achicharra en el hirviente infierno de las calderas de la máquina ó se extremece de frío, azotado por el huracán en las alturas de las vergas: ellos son, ellos solos los que hacen caminar al barco: cuando la hora de la borrasca suena en los inapelables decretos del Altísimo, todos sienten el peligro, pero ellos son, ellos sólos los que luchan con riesgo de la vida: el rico pasajero amedrentado, orando espera: si la nave se salva, por sus esfuerzos se habrá salvado: si la nave se hunde, juntos irán los ricos y los pobres, revueltos y hacinados al fondo del abismo.

Todos, pues, comerciantes é industriales, obreros y propietarios, todos están interesados por igual: que en esa nueva vida, está «la vida» y, si el sistema de la emigración prospera, en esa emigración está la muerte: recorreremos rápidamente el ciclo que recorriendo van otras ciudades hermanas en cuyas solitarias calles crece frondosa la hierba y, andando los tiempos, podrán mostrar los *ciceroni* al absorto viajero, nuestras ruinas, como hoy nos muestran á nosotros los despojos de nuestra madre «Asta». No tendremos entonces derecho á más oraciones que el sangriento epitafio de que hablaba en otro lugar, con ocasión parecida «vivieron en la miseria y se murieron de hambre, sobre un inmenso tesoro».

Para concluir:

Hay en Jerez una asociación de juvenil empuje y patriotismo acendrado, amparadora de todos los proyectos beneficiosos y defensora infatigable de todos los intereses legítimos: la Cámara de Comercio.

Hay un organismo que puede con insuperable derecho abogar por nuestra infortunada campiña y levantar su robusta voz, como condensación de las quejas y de los ruegos, de los quebrantos y las esperanzas de los sufridos y estrujados labradores: la Cámara Oficial Agrícola.

Hay, en fin, una corporación popular, representación legítima de todas las fuerzas sociales, de todos los intereses, de las clases todas de la población: abrumada con las terribles responsabilidades del poder, en las azarosas circunstancias porque los gobernados atraviesan; espejo donde se reflejan fidelísimamente, las convulsiones de la crisis; la primera en sentir las consecuencias de los agobios de las haciendas particulares, la primera, también, ante cuyas arcas vacías se estrujan las muchedumbres hambrientas pidiendo un pan que no se les puede dar: el Excmo. Ayuntamiento.

Y bien: ¿no puede el Pueblo esperar fundadamente que en el seno de esas corporaciones, se alce una voz prestigiosa, para que unidas ó separadas (mejor, mucho mejor unidas) presenten ante el Gobierno el triste cuadro de nuestras insoportables desdichas y reclamen de él la protección que se nos debe? Esa voz será inmediatamente secundada por la robusta voz de todo un pueblo. Nuestro ruego no debe limitarse al débil crujir del seco y ceremonioso papel sellado: debe ser la voz potente de un clamor general, el doloroso quejido de una angustia suprema, los últimos lamentos de una muchedumbre famélica que junta todas sus fuerzas para lanzar un desesperado «no queremos morir».

La ocasión es propicia.

Viven entre nosotros muchas respetables personas que no saben mentir; y no sabiendo, afirman sin embargo que habrá en Madrid oídos que atentamente nos escuchen, fuerzas poderosas que tomen sobre sí la grata tarea de remover obstáculos, voces elocuentes que, reflejando las nuestras, se pongan al servicio de la razón con que nos quejamos y de la justicia con que pedimos.

Un jerezano ilustre puede ostentar con legítimo orgullo la envidiable satisfacción de la iniciativa, en esta oportunísima resurrección del antiguo, pero siempre salvador proyecto, del «pantano del Guadalcacín». Desde las elevadas cumbres del Poder, á que sus méritos le alzaran, más claramente se dominan extensos horizontes, más fácilmente se observa el camino por donde vamos precipitados los que vivimos abajo, luchando sin esperanza, contra el brutal impulso de un torrente de desventuras. Suya es la iniciativa: si logra realizarlo, suya será también toda la gloria: los infelices redimidos besarán con inquebrantable gratitud la mano que les redima y mientras quede, en las resucitadas llanuras de Caulina, un honrado labriego que doble la cintura sobre el surco y un hilillo de agua cristalina que llegue murmurando á fecundar los senos de la madre tierra, habrá seguramente, quien pregone esa gloria y habrá seguramente, cabezas que se descubran con respeto al pronunciar el nombre del Duque de Almodóvar.

Con tan poderosos valedores ¿porqué vacilamos en llevar ante el Poder, el memorial de nuestras justas pretensiones?: ¿ó es que no quedan aquí, como no quedan alientos para *hacer*, alientos siquiera, para *pedir*? El Estado tiene el deber de escucharnos. Mientras otras comarcas afortunadas se han nutrido abundantemente en los ubérrimos senos del presupuesto nacional, Jerez no ha hecho más que vaciar sus arcas en esos canales por donde corre á torrentes la protección oficial hacia regiones tan *agradecidas* como la que ahora mismo, ante un tropiezo electoral, envía sus saludos á la embajada francesa.

Jerez tiene derecho á ser escuchado: pero si no lo fuera, si sus entusiastas defensores no pudieran arrancar de las irreflexivas manos del Estado, dispensador caprichoso de mercedes, el amparo que de justicia se nos debe, entonces, convencidos de la impotencia de nuestras fuerzas para seguir batallando por la vida, aceptaríamos resignados la muerte.

Es muy probable que amargara nuestra agonía el recuerdo de aquellas otras regiones tan insensatamente protegidas á costa de nosotros y que altaneras é ingratas amenazan en toda ocasión con el descuartizamiento de la Patria. Nosotros, desatendidos, abandonados, nos dispondremos á morir: pero no dejaremos tarjeta en el consulado de Inglaterra.

AMALIO SÁIZ DE BUSTAMANTE

Los discursos pronunciados en el mitin
del 23 del corriente
El del Sr. D. Amalio Sáiz de Bustamante[30]

SEÑORES:

Agradezco vuestros aplausos, pero no los merezco: yo sé bien que á pesar de ellos, mi intervención en este acto es algo extraña y temeraria: tengo miedo de que así os lo parezca y sin embargo tengo que arrostrar, aunque sea temblando, vuestras censuras. Un día escribí en un modesto trabajo, que el periódico decano me hizo el honor de publicar, que si alguien levantaba banderas por el pantano del Guadalcacín, *todos* las seguiríamos: que si alguna voz prestigiosa se alzaba en defensa de nuestro salvador proyecto, *todos* le haríamos coro ¡y aquí estoy por eso y para eso! en cumplimiento de mi palabra, á ser un corista más. Mi presencia, pués, podrá parecer injustificada ante vuestros ojos; pero mi ausencia había de parecer á mí mismo, como una fuga, como una cobardía, como una deserción. A vuestro honrado juicio entrego mi conducta: pero pensad que mucho amor y mucho entusiasmo debo sentir por el proyecto cuando casi voluntariamente me coloco en trance tan difícil, como el difícil trance en que me véis.

Y ¿cómo no sentir esos amores y esos entusiasmos? Hace muy pocos días escuchaba yo á un obrero (que ahora me escucha á mí y á quien vosotros escucharéis dentro de breves instantes) y con inmenso júbilo le oía decir que para no ser entusiasta del pantano era preciso «ignorar dónde se estaba de pié». Decía la verdad el perspicaz é inteligente obrero: precisaría ser un necio para no comprender que la ruina de un pueblo es, más temprano ó más tarde, la ruina de todos sus moradores: precisaría ser un español renegado ó un extranjero enemigo para mirar indiferente cómo se hunde y aniquila la riqueza de una opulenta comarca española: precisaría ser un malvado para no sentir escalofríos de terror ante los zarpazos que da el hambre en los hogares de los pobres.

Tenía razón el obrero, más avisado y perspicaz que algunos otros, que tienen obligación de serlo mucho más; porque nuestra miseria y nuestra ruina no son ya fatídicos augurios, sino siniestras realidades.

Hace ya mucho tiempo, Jerez fué un día, un sólo día, rico y poderoso. Entró á raudales el oro por el anchuroso cauce de nuestro comercio vinatero: y sangrado el cauce con infinitas acequias, circulaba el oro por entre todas las manos. Aquello fué la maravillosa realización de lo que persiguen como remotísimo ideal, las más avanzadas escuelas: «el bienestar *para todos*»: aquello fué maravilloso, ciertamente, pero tenía un pecado de origen: fluir de un sólo manantial: manando la fuente habría agua para todos; si el manantial se secaba, no habría agua para nadie. Y, andando los días, el manantial se secó: le habían agotado y extinguido, nuestros propios errores, las competencias extranjeras y una plaga implacable y asoladora.

Hemos vivido después algunos años del caudal embalsado durante el período breve de la inundación del oro: pero hoy ya no es posible ocultar nuestra ruina, hoy ya no es posible ni siquiera encubrirla con descoloridos girones de nuestra antigua bienandanza: hoy vivimos en la miseria y caminamos á la muerte con pasos acelerados. Las quiebras de los poderosos: las estrecheces y agobios de las sufridas clases medias: la vergonzante pobreza de los honrados artesanos y la miseria irredimible de un numeroso proletariado que acude, con el hambre y la desesperación en el rostro, ante las arcas exhaustas del Municipio jerezano, bien claramente nos lo dicen: bien claramente nos demuestran que Jerez, el rico y opulento Jerez, ó habrá de dar un salto prodigioso hacia adelante, buscando prosperidades como soñadas, en progresos apenas presentidos, ó habrá de retrogradar rápidamente hacia la barbarie, despedazándonos sus hijos sobre un mendrugo miserable.

Urge, pues, el remedio: y pues sabemos en qué consiste, que el Estado nos lo proporcione, porque es justicia que pedimos y no misericordia que imploramos: buena y laudable será la misericordia, como es santa y sublime la caridad: pero hay algo más imperioso y más excelso: la justicia. Esta es la que pedimos: la justicia que se nos debe: la justicia que no se nos puede negar, siquiera para que no sintamos el rostro ensangrentado por la vergüenza al tener que escuchar en silencio, que si esta tierra nuestra, no fuera tierra española, sería nuestra tierra un paraíso.

Y si el remedio es urgente y la pretensión justísima, nuestra línea de conducta está trazada ya: vedla aquí tal cual yo la concibo. Jerezanos, *unión y perseverancia*, para luchar por nuestra vida y por la vida de nuestro pueblo.

Nuestro lema debe ser «*queremos el pantano*» porque hemos adquirido, en largos años de resignación y de sacrificio, el derecho de *quererle*. Nuestra voz no puede ser la voz doliente y desmayada del que, por amor de Dios, demanda una limosna á quien tal vez no quiere dársela: nuestra voz tiene que ser el grito apremiante y desgarrador del que pide socorro, á quien tiene obligación de prestárselo: aquella suele ser respondida con un indiferente «Dios te ampare»: esta no puede ser desoída, no puede, sin realizar un acto criminal ante los hombres y ante la Historia y ante Dios.

Nosotros á pedir, porque es nuestro derecho. Nosotros á llamar la atención del Estado, porque es nuestro deber de ciudadanos españoles: y si el Estado nos desoye, si desdeñara nuestros alertas y nuestros ruegos, entonces… ¡ah! entonces que sean para el Estado las consecuencias todas. Jerez en este acto, las declina. Del Estado serán, del Estado no más las responsabilidades de lo porvenir:

y lo porvenir ¿á qué ocultarlo, si tan claramente lo percibimos? Lo porvenir rueda y se precipita sobre nosotros, preñado de trágicos horrores y de sangrientos cataclismos. Para cuando estas previstas hecatombes sobrevengan, Jerez desde ahora y para siempre rechaza la paternidad del monstruo: le habrán engendrado sobre el lecho de la ignorancia, entre el Orgullo y la Pereza, pero nosotros... todos los que estamos en este recinto: los que hemos escuchado con religioso recogimiento la salvadora voz de los hombres de ciencia: los que hemos puesto al servicio de una idea noble, nuestra pluma ó nuestra palabra: los que hemos devorado en silencio los quebrantos de las haciendas propias y deplorado en alta voz, con lágrimas en los ojos, las hambres y las miserias de los hogares ajenos: los que hemos agotado nuestras fuerzas, luchando con las apatías de los unos y las suspicacias de los otros: nosotros, en fin, todos los que estamos en este mitin, clamando y previniendo, nosotros no nos reconocemos padres de tan nefando engendro: habremos hecho cuanto nos era dable por impedir la catástrofe é iremos á ella y á la ruina y al infortunio y á la muerte, con la amargura en el alma, por perecer abandonados, ciertamente, pero con la sonrisa en los labios por estar seguros de haber cumplido nuestros deberes, ante los hombres y ante la Patria y ante Dios.

Cuando este mitin concluya, habremos concluido también nosotros, por ahora, nuestra misión: comienza la difícil pero gloriosa misión de nuestros representantes en Cortes. Haga Dios que como tienen poder, honores y sabiduría, tengan también voluntad indomable para hacer repercutir la voz angustiada de un pueblo honrado y laborioso, en el recinto augusto de la Representación nacional ó en las altas cumbres de los Poderes soberanos... donde fuere preciso, donde convenga más. Confiemos en ellos, haciéndonos superiores á nuestras lícitas amistades y á nuestros recelos justificados: justificados, sí: porque Jerez nunca tuvo con el Estado más relaciones que las siniestras relaciones que guarda el ahorcado, con el tornillo que le ahorca: pero ahora, ahora... confiemos, porque precisa confiar: los que desconfían de la victoria, en vísperas de la batalla, están vencidos antes de la lucha.

Esperemos, pues, en nuestros representantes en Cortes. Ellos también son hijos de nuestra pobre ciudad: los hijos predilectos; alguna vez han de sentir estremecerse sus entrañas ante los dolores y las angustias de la madre. Si no lo hicieran podrán legítimamente vanagloriarse de su bien ganado encumbramiento, de sus honores, de su grandeza, de su augusto carácter de supremos legisladores, pero no podrán impedir que el remordimiento les torture el alma con el horrible torcedor de haber dejado morir la madre desamparada: no podrán impedir que su pueblo les dipute como procuradores desleales que aceptaron sus poderes para entregarle indefenso al adversario. Si lo hicieren en cambio, nosotros juramos que, entre lágrimas de gratitud infinita, sabremos enseñar á nuestros hijos á bendecir y reverenciar la honrada memoria de nuestros ilustres protectores. Si nos amparan y defienden, que Dios se lo premie. Si nos desoyen y abandonan... el Porvenir y su propia conciencia se lo demandarán.

He dicho

La Raíz del Mal[31]

Podría ser un error, malo por serlo y pésimo por su trascendencia, el pronunciar la palabra «anarquismo» como única explicación de la crisis permanente y las periódicas convulsiones por que Jerez atraviesa.

Es, sin embargo, muy de temer la explicación. Sobre que anda ya en muchos labios y en no pocas plumas, había para presentirla sobrados antecedentes; nuestro santo terror á toda propaganda de ideas, claramente patentizado en la heroica perseverancia con que en este país suelen atribuirse todos los males al libro contumaz, á la Prensa impía y á la predicación subversiva y revolucionaria; nuestra propensión enfermiza á lo maravilloso, y á que esta es la tierra del milagro, el sortilegio y el saludador, y que nos hace explicar las cosas más naturalmente explicables por los ocultos manejos de la conspiración tenebrosa, de los agentes secretos y del *oro inglés*; y, por último, nuestra desmedida afición á las fórmulas simplicistas, reglas sencillas de fácil percepción y aplicación universal, comodines pseudocientíficos, muy bien avenidos con nuestra pereza intelectual, y que ahorran meditaciones y estudios sobre problemas tan complejos como estos problemas obreros, ríos turbulentos, cuyos cien escondidos manantiales se pierden en los misteriosos abismos del subsuelo social.

Sin embargo, el problema es muy otro que el de la propaganda libertaria; agítase, cierto, el anarquista en la superficie de estos torbellinos sociales, pero no es su fuente; se le ve á la cabeza de los ejércitos de la rebeldía, pero no los recluta, ni los organiza, ni los manda; no es más que un hombre que sabe muy bien que para llevar mucha gente detrás no hay sino ponerse delante; impotente para provocar el movimiento, lo aprovecha, y si puede desviarlo, lo desvía y esto es todo, y no hay más.

E importa consignarlo. Porque mientras pongamos en el libertarismo el único manantial de nuestros males, pondremos en la fuerza la única esperanza de nuestros remedios; clamaremos por la represión; soñaremos con el estado excepcional y el juicio sumarísimo; pediremos, más ó menos hipócritamente, la perpetración de sangrientas hecatombes, para hallarnos al cabo de la jornada, no sólo sin haber llegado al término apetecido, sino con el camino extraviado, más lejos que nunca del ideal de pacificación y en la imposibilidad de desandar lo andado por un sendero que nosotros mismos habremos sembrado de odios y de rencores, y, lo que es peor, en ese terror se ampararán la explotación y la injusticia, como en el terror á la demagogia se arraiga la tiranía.

Jerez debía saber muy bien á qué atenerse sobre este particular. Por miedo á un anarquismo real ó ilusorio, ha llenado de hombres la cárcel y el presidio; ha colgado del garrote racimos de anarquistas más ó menos conscientes ó irresponsables; tiene el tristísimo privilegio de haber batido el *record* del patíbulo á todos los pueblos del mundo civilizado, y al cabo, cada sol que nace alumbra un conflicto nuevo, cada vez más grave, más amenazador cada vez; mares rabiosos que socavan incesantemente el edificio social, y que es seguro, si la defensa no viene por otra parte, darán con él en tierra. Es, acaso, que se ataca el síntoma; pero la verdadera enfermedad sigue su curso, hasta llevar al enfermo á la sepultura. Habrá siempre quien haga la propaganda revolucionaria: lo que precisa lograr es que no haya quien la escuche; mientras haya turbas desnudas, famélicas, desesperadas, habrá convulsiones sociales, y mientras éstas sobrevengan, nunca faltará un anarquista que se coloque á la cabeza, aunque se juegue la suya. Y el mal no estará entonces, como no lo está ahora, en que se prediquen doctrinas demoledoras, sino en que puedan escucharlas oídos de hambrientos con los estómagos vacíos y el corazón emponzoñado por la miseria permanente y el perpetuo olvido.

Sobre 140.000 hectáreas que tiene su término municipal viven miserablemente 60.000 personas en Jerez. Deben bastar estas dos cifras al desconocedor de nuestra tierra para deducir que algo anómalo perturba nuestra producción; más aún si recuerda que al norte de Europa, sobre tierras estériles y pedregosas, en latitudes ingratas, sin luz y sin sol, viven vida de hombres sobre idéntica superficie 300.000 habitantes. Bélgica, por ejemplo, sustenta 220 personas sobre cada kilómetro cuadrado de su territorio.

El conocedor de la realidad sabe bien cuán cierta sería aquella deducción, porque vive condenado á la contemplación de un espectáculo incomprensible, de una paradoja inexplicable: el suelo sin producir y el hombre sin comer; millares de hectáreas concentradas en muy pocos hombres, y millares de hombres sin una sola hectárea; en la ciudad, la convivencia y el hacinamiento, y en los campos, el abandono y la soledad; las tierras, sin trabajo, y los trabajadores, sin tierra; unos y otras clamando por una unión fecunda, y la ley declarándola imposible, mientras el propietario levanta sobre las lindes de *lo suyo* el sacratísimo y venerando *nolli me tangere*: «Esta es mi tierra; yo no la amo ni la fecundo, pero es *mía*, y por serlo vive condenada á virginidad perpetua y á perpetua esterilidad».

¡Y se pregunta todavía que por qué hay en los campos andaluces sectarios de todos los reformismos, prosélitos de todas las utopías, cuando precisamente son los campesinos en otras partes el dique en que se estrella la ola revolucionaria y el símbolo de la quietud y de la paz! Bien salta á la vista que porque esos millares de desposeídos no se resignan, ni sería bien para la nación que se resignasen, á la insoportable esclavitud del jornal, que sobre ser jornal es mezquino, y sobre ser miserable es inseguro, con todo lo cual ya tiene bastante para ser una de las combinaciones más perfectas para vivir muriendo; porque esas enormes masas, á quienes la sociedad no da, ni razonable cultura, ni hogar tranquilo, ni pan seguro, son como arenas volanderas que todos los vendavales arrastran, y, en fin, porque viven en la contemplación y familiaridad del absurdo y no hay utopía que no pueda parecerles realizable, ¿no es absurda también la organización en que vegetan, y, sin embargo, se perpetúa y legitima y santifica?

Si alguien lograra poblar el estéril desierto de la inmensa campiña jerezana, con el pensamiento puesto en los campos de otras regiones españolas, cien veces más pobres por la naturaleza, pero cien veces mejor organizadas que la nuestra; si se pudieran disolver esas legiones de los ejércitos del hambre, redimiendo á los siervos del jornal inseguro para hacerles colonos, aparceros, enfiteutas, propietarios; si cada uno de ellos poseyera un pedacito del planeta, bastante á sus necesidades perentorias, y sobre esa parcela una casa que pudiera llamar *suya*, entre cuyos blancos muros se guardara el recuerdo sagrado de la muerte de los padres y del nacimiento de los hijos; si el pobre tuviera allí su mundo, en el seno de una familia, que hoy disloca y esparce el disolvente soplo de la miseria..., entonces ya habría ganado algo en paz y en riqueza la nación, y entonces ya se vería á lo que quedaba reducido el poder de expansión y proselitismo del anarquismo militante.

Por conseguir este ideal, tan fácilmente realizable, hace tiempo que Jerez clama por su pantano del *Guadalcacín*; pero Jerez no ha clamado (y por ella debieran clamar en España hasta las piedras) por *la expropiación forzosa de las zonas de riego.* Alguna voz aislada que lo ha hecho se perdió en el vacío, ó de la inteligencia, ó de la voluntad, de nuestros distraídos gobernantes; el razonado folleto de un tan ilustrado ingeniero como el Sr. Merello, ¿cuántos lo han leído? Nuestra Prensa *democrática* y nuestra Cámara *popular* se asustan ante esta lógica consecuencia del principio de la «utilidad social», establecido en la ley; ellas que no se asustan cuando me quitan mi casa para tan imprescindibles menesteres como la alineación de una calle, que no se pueden asustar porque la piqueta del minero remueva hasta la sepultura de sus padres, que legitiman hasta la expropiación del pensamiento cuando se vierte en un libro, más tarde ó más temprano declarado patrimonio de la Humanidad; que gravan, limitan, anulan el derecho *á lo mío* con hipotecas y servidumbres *legales* y con legítimas y porciones hereditarias.

No hay principio de moral, ni de Justicia, ni de política, que oponer á este principio de la expropiación por riegos. Si á pesar de ello no se llevara á la ley, valdrá tanto como hacer imposible todo eso que ha dado en llamarse «política hidráulica», y que con tal ó con otro nombre es la única esperanza de resurrección de España. Pero si algo se hiciera en este camino á espaldas de aquel principio, será quizás una labor fecundamente desacreditativa de una empresa salvadora, porque se habrá fundado sobre una injusticia y porque, debiendo estar orientada hacia el bienestar de innumerables pobres, habrá venido á parar en enriquecer á dos docenas de ricos.

Más de una vez se ha dicho, y á ratos con notoria injusticia, que por todo esperarlo del Estado y todo al Estado pedirlo España es un pueblo de mendigos. Olvidan los acusadores que cuando el Estado se arroga todos los derechos, fuerza es que cargue con todos los deberes, y cuando se apodera de todos los medios, obligación suya tienen que ser todos los fines.

Por lo que á Jerez toca, bien puede rechazar la acusación. Jerez sepulta desde tiempo inmemorial (sin esperanza de que se le devuelva, ni en obras, ni en servicios) en la sima insondable del Tesoro público un pantano anual, con canales y todo. ¿Es mucho que ahora pida uno por una sola vez, cuando después de todo, más que él mismo, habían de ganar la riqueza nacional y la paz pública, y el propio Fisco, que no haría sino colocar su dinero á bien crecido interés?

Pero si aun eso pareciera mucho pedir, téngase en cuenta que Jerez no necesita ni apetece la protección del Estado-providencia, sino que se inclina *a fortiori* ante el Estado-estorbo. «Te llevas el dinero con que yo pudiera hacer la obra, y si todavía trato de realizarla, rebañando los mohosos ochavos que aun resten en mi saqueada bolsa (más por milagros del azar que por previsiones de tus administradores), me obligas á repartir los productos, que yo sólo creo y saco como de la nada, primero contigo, que te llamarás codiciosamente á la parte, y después con los propietarios de la zona regable, á quienes tú amparas para que, ya que no aciertan á poner sus pecadoras manos en la obra, puedan ponerlas sin escrúpulo en los beneficios. Pues hazla tú, si quieres, Estado, que yo no la hago, aunque el anarquismo nos devore á todos, alentado en la torpe incuria y egoísmo de los de arriba y en la miseria y la desesperación de los de abajo».

AMALIO SÁIZ DE BUSTAMANTE

Pantano y Expropiación[32]

El reporterismo «repentista».- Dionisio Pérez y *La crisis de Cádiz*.- Los propietarios y la expropiación.

No hay motivo de espanto; es lo de siempre. Si sobreviene el crimen con apariencias novelescas: si se descubre la asociación tenebrosa: si estalla el conflicto entre el capital y el trabajo: si los hambrientos se estrujan en la plaza pública demandando socorro: si se alza el patíbulo en la puerta de la cárcel y penden de él siniestro racimos de hombres agarrotados... siempre, en suma, que puedan alinearse cuatro renglones bajo un epígrafe sugestivo y altisonante —*La mano negra, Los campesinos hambrientos, El anarquismo andaluz, Las ejecuciones de Jerez*— aparece entre nosotros el inquieto y zumbador enjambre del andante reporterismo, revolotea bulliciosamente en torno de todas las cosas sin posarse en ninguna y va, pluma en ristre, embistiendo problemas, picoteando conflictos, pronunciando sentencias y descubriendo Mediterráneos.

No, no había motivo de sorpresa para nosotros en las peregrinas informaciones periodísticas del viaje del Ministro de Agricultura. Y no nos hemos sorprendido; ni cuando pintan destruidas las barreras sociales, y unidos y enlazados pobres y ricos en abrazo amoroso y consorcio indisoluble: ni cuando, con intuición maravillosa, deducen la prosperidad de nuestros negocios del modestísimo enjalbegado de nuestras fachadas: ni cuando nos suponen acariciando el ideal de canalizar el Guadalete para regar sin duda las fértiles marismas portuenses: ni cuando creen que nuestras incesantes campañas por el Guadalcacín van enderezadas á la *desecación* de un pantano: ni cuando hablan en fin, definen y dogmatizan sobre otros mil *arquitrabes* hidráulicos, agrícolas ó sociológicos.

Ahora, como antes, como siempre, el pretendido retrato resulta caricatura. Creo que estas cosas produjeron un día indignación: después, risa: después... nada; han entrado á formar en las nutridas filas de aquellas pequeñas mortificaciones que, como las moscas en estío, precisa soportar cuando no se pueden sacudir; pero á las que, ni cuando se soportan ni cuando se sacuden, se otorga si no muy débil atención.

Convengamos, sin embargo, en que nuestras grandes desventuras, nuestra evidente ruina, las lágrimas de los que se van por no morirse de hambre y las hambres de los que se quedan por no poderse marchar, merecían un mayor y más piadoso respeto.

Dionisio Pérez no es seguramente de estos pintores *impresionistas* que la desgracia suele depararnos; su crónica *La crisis de Cádiz* constituye una venturosa excepción. Para hacerla notar y celebrarla había cogido yo la pluma y el lector la perdone si se extravió más de la cuenta en comentarios extraños á su natural humildad, empujada á ellos por la honrada tristeza que provoca en los que de veras amamos la prensa y la juzgamos salvaguardia de la libertad y del derecho, la labor profundamente desacreditativa de aquellos superficiales improvisadores.

Dionisio Pérez ha conocido sin duda la provincia de Cádiz en épocas de prosperidad y bienandanza: y al recorrerla ahora, al ver despobladas y silenciosas las ciudades del litoral y hambrientos y agonizantes los pueblos de la serranía, no ha podido menos de decir: *¡Esta sí que es grande, esta sí que es honda y al parecer incurable desventura!* Ha entrevisto con patriótico presentimiento el mal de hoy junto al peligro de mañana, y asociándolos en su mente, escribe: «Exceptuando el Campo de Gibraltar, *donde la influencia inglesa da vida*, toda la provincia de Cádiz agoniza y está condenada á morir si no se acude á ella con un esfuerzo heroico de toda la Nación». Conoce, seguramente, la maléfica influencia del repugnante caciquismo que la rige y explota, y le cruza el rostro con este latigazo: «por lo rastrero de sus aspiraciones y por la bajumbre intelectual de los que lo ejercen, es el más cruel y asolador que ha tenido España». Ha escuchado, á lo que parece, informes verídicos y allegado datos fidedignos sobre la situación de la propiedad en la campiña jerezana, y convencido de la necesidad, de la justicia, de la moralidad de una nueva desamortización, exclama: *No hay Ministro que decrete la construcción del Pantano sin haber antes arrancado á las Cortes una ley de expropiación.*

Hay, sin embargo, en el estudio de Dionisio Pérez una confusión explicable; explicable, pero trascendental. Por intentar desvanecerla, más que por otra cosa, escribo yo estas cuartillas, pidiendo á Dios que si ellas logran la inmerecida fortuna de ser leídas por el distinguido periodista, téngalas por respetuosas advertencias sobre un hecho comprobable y les otorgue aquella benévola atención á que puedan darle derecho, no la menguada autoridad personal de quien advierte, sino la irreprochable rectitud de sus intenciones.

Y la confusión es esta: la de suponer que el pantano se pide y se gestiona por los propietarios ó bajo el influjo de los propietarios ó en provecho de los propietarios. ¡Los propietarios! ¡Oh! no. Jamás les vimos á nuestro lado, jamás hemos contado con su cooperación los defensores del pantano, en cinco años de pacientes trabajos, activas propagandas y porfiadas gestiones. Una vez se les convocó de orden de un Ministro bien intencionado que quiso emprender la obra, y... Dionisio Pérez no lo ignora, concurrieron *dos*.

¡Los propietarios de la zona regable! No, no: grandes señores en su mayor número, ausentes de Jerez una buena parte, *dueños* pero no *cultivadores* de la tierra casi todos, hacer el pantano para ellos sería echar el agua al mar por otro cauce que el río. Por eso ellos ni quieren, ni piden el pantano. Pero por eso también los que le pedimos no hablamos en nombre del interés particular sino del común interés de una región que se muere con la salvación á la vista; no hablamos en provecho de los propietarios, sino en defensa de los desposeídos: no llevamos la voz del *landlord* andaluz, sino el grito de las muchedumbres desesperadas, sin trabajo, sin tierra, sin pan... Por eso queremos, por eso pedimos la expropiación.

La expropiación, sí, la expropiación pedimos: la hemos pedido siempre. Ni un sólo instante hemos vacilado en este punto: y si alguna vez el ansia de la obra, el afán de allanar dificultades y limar asperezas, nos hizo aceptar y aun proponer soluciones intermedias y fórmulas de concordia, bien pronto el fracaso de todo generoso conato de amigable transacción, nos precipitó de nuevo en la incorruptible realidad. Llena está la historia de la gestión por el pantano de pruebas de mis asertos. Un día —y cito al azar y de memoria— periódico de tan probadas prudencia y circunspección como *El Guadalete*, publica su artículo *El obstáculo*, señalando la propiedad como el escollo en que se estrella aquel proyecto salvador. Otro día *El Guadalcacín* pone en labios de un imaginario *Juan Sin Tierra* un hipotético discurso, condensación de cuanto por acá discurrimos para justificar la expropiación. Abre una información *La Agricultura Bética*, y allá vamos todos tronando contra el latifundio. Solicita *Heraldo de Madrid* opiniones sobre la crisis agraria, y en él se publica en Julio de 1903, *La raíz del mal*, en el que se dice al Estado: «no me ayudes, pero no me estorbes con tus desconsideradas consagraciones de la intangibilidad del dominio...»

Y ahora mismo, cuando el Sr. Romanones llega al poder ¿no se dirije á él la Cámara de Comercio pidiéndole la construcción del Pantano y la presentación á las Cortes de un proyecto de ley de expropiación para los propietarios que rehúsen el pago del cánon? Y luego cuando viene á Jerez, ¿no se dice en la convocatoria para la manifestación, que hay que pedir al Ministro «la remoción de los obstáculos que el egoísmo, la tradición ó las leyes atraviesen en el camino de la ejecución?» ¿No lo repitió con su varonil y majestuosa elocuencia nuestro consocio Sr. Barrón en la presencia del Ministro, al frente del pueblo de Jerez?

Más aún: yo puedo garantizar á Dionisio Pérez que allá en la «Angostura», en esa «Angostura» en que tan fácil y firme emplazamiento encontrará la presa futura del embalse, en esa «Angostura» á la que llegó el Conde de Romanones haciendo un bien agradecido derroche de complacencia y buena voluntad, no faltó al Ministro ocasión de escuchar estas palabras: «Lo que V.E. tiene ante los ojos no es simplemente un problema agrícola; es ante todo y sobre todo un problema de *coloniza-ción*; hacer el pantano sin decretar la expropiación, al menos subsidiaria, sería obra de notoria esterilidad y de evidente injusticia; ni aun moral parece consagrar el dinero de todos, ricos y pobres, á enriquecer aún más á los más ricos...»

Créame Dionisio Pérez. Para nosotros el riego es la manumisión de la tierra esclava: es el fraccionamiento y disgregación de la gran propiedad: es sacar el suelo de la mano muerta del propietario ausente, para darlo á la mano activa y laboriosa del huertano: es consagrar las alegres nupcias de dos amantes que agonizan en un amor sin esperanza: el trabajador sin trabajo, esclavo de la miseria inmerecida, y la virgen tierra, condenada á doncellez perpetua y perpetua esterilidad en el recinto murado é impenetrable cautiverio del árido latifundio. Sí, sí; *Pantano y Expropiación* son una sola cosa en nuestra mente y una sola han de ser en la realidad.

Y, aunque sea pretensión audaz y temeraria, yo no puedo dejar la pluma sin suplicar al director ilustre de *Diario Universal,* que si algún día el estruendo cortesano y el vertiginoso rodar de los sucesos se lo consienten, torne los ojos á esta provincia desventurada cuyas desgracias tan vivamente le han impresionado, y, libre de escrúpulos y recelos, rompa una lanza por el Pantano del Guadalcacín y por la expropiación de su zona de riego. Porque es empresa noble y patriótica, y porque es obra de humanidad y de Justicia.

AMALIO SÁIZ DE BUSTAMANTE

28-VII-1905

Los Riegos del Guadalcacín. Decíamos Ayer...[33]

> *Latifundia perdidere Italiam jam vero et Provintias.*

Voy, lector, a referirte una historia; una historia vulgar, pero verídica. Me mueve a contártela el irresistible anhelo de hablar contigo del PANTANO. Porque ¿no es tal vez imprudente y absurdo que cuando los *riegos del Guadalcacín* preocupan en las altas cimas del Estado y el ministro medita, los oradores acusan y la prensa amenaza, solamente Jerez contemple su tragedia indiferente y mudo? Escucha.

Eran otros tiempos; tiempos de miseria, de agitación, de angustia. El comercio vinatero anulado y envilecido, arruinada la «labor», parados los obreros; los fuertes y libres se lanzaban fugitivos a la emigración: los encadenados al hogar mísero por el amor a los hijos sin amparo, se abalanzaban diariamente a las puertas del Consistorio pidiendo un pedazo de pan... Un ministro jerezano propuso una solución definitiva: «luchad por el pantano: yo lucharé con vosotros». Saludemos con respeto, la buena memoria de Almodóvar del Río, ingratamente olvidado.

Mi amigo, mi mejor amigo, formó desde el primer instante en la extrema vanguardia: con su pobre palabra y su modesta pluma: en el periódico, en el mitin, en los Ministerios: asociando a la obra a los trabajadores: desbaratando intrigas de los adversarios. Pero mi amigo quería el pantano para una transformación social: para trocar el desierto en paraíso: para sembrar de casitas blancas el despoblado erial de la campiña. Y fue su grito *la expropiación del latifundio.*

El *leit motiv* de su monótona cantata era este: «Si los propietarios de la tierra hacen el pantano, todos los provechos del pantano deben ser para ellos: pero si le hace el Estado, todos los incrementos de riqueza deben ser para la colectividad que los crea. Hay que expropiar y parcelar: *si no se parcela, no se riega*; y ese será el fracaso de la obra y el descrédito de la política hidráulica».

Por eso un día escribió en *El Guadalcacín*[34]:

> Para que los propietarios puedan lícitamente lucrar de todos los beneficios, precisa que pechen con todos los sacrificios.

Y otro en el *Boletín de la Cámara de Comercio*[35]:

> ...yo puedo garantizar a Dionisio Pérez que allá en la «Angostura», en esa Angostura a la

que llegó el Conde de Romanones haciendo un muy agradecido derroche de complacencia y buena voluntad, no faltó al ministro ocasión de escuchar estas palabras: «Lo que V. E. tiene ante los ojos no es simplemente un problema agrícola; *es ante todo y sobre todo un problema de colonización*. Hacer el pantano sin decretar la expropiación, al menos subsidiaria, sería obra de *notoria esterilidad* y de evidente injusticia: ni aún moral parece consagrar el dinero de todos, ricos y pobres, a enriquecer aún más a los más ricos.

Créame Dionisio Pérez. Para nosotros el riego es la manumisión de la tierra esclava: es el fraccionamiento y disgregación de la gran propiedad: es sacar el suelo de la mano muerta del propietario ausente para darlo a la mano activa y laboriosa del huertano: es consagrar las alegres nupcias de dos amantes que agonizan en un amor sin esperanza; el trabajador sin trabajo, esclavo de la miseria inmerecida y la virgen tierra, condenada a doncellez perpetua y perpetua esterilidad en el recinto murado e impenetrable cautiverio del árido latifundio.

Y otro día dijo en *El Heraldo de Madrid*[36]:

El pantano podría ser pan seguro y hogar tranquilo para *algunos millares de familias* que hoy lo buscan allende los mares, donde acaso no encuentren sino la miseria y la muerte, lejos de la Patria; podría ser un manantial inagotable de riqueza, una base de industrias y tráfico, una hondísima transformación social, una resurrección de Jerez y de la comarca: *podría* serlo, mas la realidad dirá muy pronto lo que es. Un pantano en la región de la gran propiedad es ante todo

un hondo, un complejísimo problema de coloni-
zación. Sin poblados ni caminos en la desierta
zona, sin experiencias de cultivos ni tradiciones
de vida rural, hacer un pantano aquí no es simplemente levantar una presa en la primer angostura, sino que es hacerlo todo, y todo como de
la nada.

Y si en la entraña del colosal empeño sólo se
agitara un ruin espíritu de sordidez mezquina,
afanoso del lucro del momento; y si el Estado
transigiera con él, no por aquel santo respeto
que a la ley debe inspirar todo interés legítimo,
sino por erróneo acatamiento de absurdas
supersticiones jurídicas, entonces, entonces... ni
aún el pantano nos salvará. *Correrán sus aguas*
al mar por otros cauces que el río: solitarias e in-
cultas permanecerán las grandes dehesas de los
opulentos propietarios: y no se realizará jamás
el noble ensueño de que hablaba Gasset a su
auditorio toledano, etc., etc.

Ya supondrás, lector que mi amigo se quedó
pronto solo; destino fatal de los inocentes abogados del interés general. ¿No era aquella predicación
un ataque a los sacrosantos cimientos del derecho
de dominio?

¿No podría ser también un banderín de engan-
che, para las muchedumbres? Y mi amigo —el
iluso, el demagogo y anarquizante— quedó apar-
tado de aquella obra a cuyo nacimiento había coo-
perado con la mezquindad de sus fuerzas, pero
con el más alto y puro desinterés.

Corrieron los años. Una noche del pasado mes
(Marzo de 1926) sube a la tribuna de la Sociedad
de Agricultores de Valencia un prócer castellano,

político de rectitud contrastada en la piedra de toque de la desgracia inmerecida, gran hacendado y culto agricultor. Encarándose con nuestro infortunado *Guadalcacín* lo denuncia con voz justiciera como un fracaso, como una malversación de los caudales públicos. Y la prensa cortesana comenta indignada: ¡Cómo! ¿Se tira a manos llenas el dinero en construir pantanos y los propietarios no riegan? ¡Diez o doce millones en el Guadalcacín para regar... *30 hectáreas*! «EN POCOS CASOS COMO EN ESTE ESTÁ INDICADA UNA ACCIÓN ENÉRGICA DEL PODER PÚBLICO»[37].

Ni son nuevas estas ideas en el disertante de Valencia. Ya decía en 1919:

> Únicamente interesando en la tierra al agricultor puede éste ver despertar en su ánimo los sentimientos... que la posesión de un pedazo de tierra *propio* despierta en quien antes viviera... a merced del embate de una predicación disolvente.

Y añade, con clara precisión:

> Una de las bases de la colonización ha de ser la desmembración de las fincas, dehesas y cortijos que hoy se hallan en pocas manos.

Luego dice, previsora, cautelosamente:

> Y como aquí se llama pronto *revolucionario o soñador* a quien propone algo que choque con el egoísmo, la quietud o el temor a todo cambio...

Y, finalmente; sin ambages ni circunloquios:

… Todas las obras hidráulicas en curso de ejecución… serán *perfectamente inútiles si no se comienza por colonizar las zonas regables.* Y por lo que hace al pantano del Guadalmellato, al del GUADALCACÍN y las obras de riegos del Guadalquivir, podemos desde ahora asegurar que *serán otros tantos fracasos,* si a la par que los trabajos técnicos de ingeniería *no se realizan los de colonización, que subdividan todas esas zonas en lotes de 3 a 4 hectáreas para instalar en ellas muchos miles de familias, etcétera, etc.*[38]

Ni una palabra de comento: el *demagogo* de ahora es título del Reino y exministro de la Corona.

La insuperable autoridad de su palabra y nuestra amarga experiencia declaran, a los 20 años, cumplida la fácil profecía de mi amigo: *si no se parcela, no se riega, etc., etc.* ¡Algo diera él por no haber acertado! Hoy no le queda sino recordar el histórico *Decíamos ayer* del olvidadizo fray Luis y proseguir la cantata diciendo: ¿Y hemos de continuar cruzados de brazos enfrente de la tragedia? Quizás ya hoy no sería solución ni la *expropiación* de la zona. ¿Lo será el pago obligatorio del *canon de riego?* ¿Lo será la *contribución de regadío* a todas las tierras en situación de ser regadas, *rieguen o no?*

Tengo, de mis remotos días universitarios, el vago recuerdo de haber oído hablar de una teoría, entre mil: la del *providencialismo histórico.* Dios, según ella, vigilando desde el infinito la marcha sinuosa del hormiguero humano sobre el planeta, suscita en cada momento el hombre preciso

—legislador, filósofo, apóstol o caudillo— que guíe la humanidad hacia su destino. Esta escuela, como todas, se puede creer o se puede negar. Pero ese hombre... ese hombre que surge inopinadamente, como una aparición, sobre el más vasto latifundio de la solitaria *Caulina*, asiento futuro de la hermosa huerta jerezana, ¿será acaso el hombre *providencial* que guíe, aconseje y ejemplarice? Yo creo firmemente que, si no es eso, es por lo menos lo que en las riberas del Támesis denominan *the right man in the right place*.

Ciencia, fortuna, experiencia, poder, sentimiento de su responsabilidad ante Dios y la Patria... Por eso pienso yo: *él solo* pesa más que todos los obstáculos.

¿Y quién, si él no? Unos tienen tierra y no tienen dinero: otros dinero y tierra y no tienen voluntad: los más viven satisfechos con las rentas de sus incultas dehesas: pocos sienten la inquietud de los deberes sociales de la riqueza: todos temen, con explicable recelo, lo desconocido; la lucha con el colono, la incertidumbre del contrato, la incógnita del cultivo. Por eso digo yo: *solo él...*

Docto conferenciante de Valencia, rico hacendado de Caulina, Sr. Vizconde de Eza, *vos solo y solo vos*. Nobleza obliga.

AMALIO SÁIZ DE BUSTAMANTE

10, IV, 926

CUARTA SECCIÓN:
FERROCARRIL DE LA SIERRA

Por lo que se refiere al Ferrocarril, existe una obra del propio Amalio (A. Sáiz de Bustamante, 1928), donde se detallan minuciosamente sus vicisitudes, cuya extensión excede con mucho los límites del presente trabajo. Como se ha indicado en el estudio preliminar, una narración abreviada de lo acontecido puede encontrarse en P. Sáiz de Bustamante (2022), aunque en este caso se recogen únicamente algunos fragmentos de los escritos originales.

En este libro se incluye una selección de artículos de Amalio donde se presenta una instantánea de los hitos más relevantes del proyecto, que transmiten los sentimientos de los protagonistas en el preciso momento en que tienen lugar. Estos artículos aparecieron en el diario *El Guadalete* y en la *Revista del Ateneo* a lo largo del periodo 1901-1932.

Así, el primer texto seleccionado, *Sursum Corda*, presenta una entusiasta visión del inicio del proyecto. El siguiente escrito, fechado en 1917, hace un resumen de lo acontecido con el Ferrocarril hasta esa fecha. Señala el éxito de la sociedad de Estudios al conseguir llevarlos a cabo, así como la inclusión en el Plan de secundarios, logro este de la mayor trascendencia. Pero después, seguiría la procesión de dificultades —tal como se detalla en el escrito— que, tras dieciséis años de esfuerzos, desembocaría en una dolorosa contradicción: un proyecto (más rigurosamente, dos) pero ninguna oportunidad de ejecución. Compás de espera con escasas esperanzas.

Y, años después... el siguiente escrito: *JEREZ-VILLAMARTÍN-SETENIL. Hacia la realización de un sueño antiguo*, transmite el alivio que se percibe cuando, por fin, tras un cuarto de siglo de brega, el Ferrocarril de la Sierra es incluido en el Plan de Ferrocarriles de urgente construcción.

Por último, *Charla Ferroviaria* constituye un luminoso análisis, en los primeros años de la República, de la historia del Proyecto, su situación y sus futuras perspectivas, que quieren ser optimistas.

Sursum Corda[39]

Desde hace mucho tiempo, el ingeniero Antonio Gallegos, es, para los íntimos de su tertulia cuotidiana, «el hombre del ferrocarril»; indiferente y silencioso presencia siempre las desordenadas é inacabables polémicas *divinarum atque humanarum rerum*, con que valerosamente se abordan allí, sin dengues ni remilgos, los más abstrusos problemas de la vida, con el firmísimo propósito de arreglar el mundo y de matar el tiempo. Mas si alguien logra herir la cuerda sensible, lanzando á la discusión las obras públicas en Jerez, la incomunicación de los pueblos circunvecinos, el porvenir de la región, es de ver entonces como se opera el milagro y se extremece la esfinge y centellean sus ojos y de sus labios fluyen a raudales, curvas y desniveles, carriles y locomotoras, túneles y viaductos, trincheras y terraplenes; surge entonces, el inspirado apóstol de una idea, que predica, sin cansancio, la buena nueva, estimulado por un ferviente proselitismo: surge el ciudadano enamorado de su patria, que no se resigna á verla revolcarse torpemente en la ignorancia y el atraso, anhelante de mirarla ascender, opulenta y feliz, por el camino del Progreso, engalanando su nativa hermosura, con todos los esplendores que el pulimento del trabajo pueda prestar á los excelsos dones con que á Dios pluguiera enriquecerla.

Yo no sé, porque Gallegos no lo dice, cuántos días habrá peregrinado, con la pesada carga de su ferrocarril á cuestas, en busca de un apoyo decisivo; fácil es suponerlo; como no es difícil adivinar, cuántas veces sus nobles ardimientos habrán sido helados por la fría sonrisa desdeñosa del *hombre práctico*: ni cuántas otras habrá arrojado inútilmente la semilla de su predicación sobre la roca estéril de la estulticia humana: ni cuántas puertas se habrán entornado á su paso: ni cuántas manos, crispadas por la avaricia, habrán estrujado la bolsa cautelosamente, temblando ante la *amenaza* del proyecto. Pero sí sé que le he visto llegar á la Cámara de Comercio de Jerez, cual habrá llegado á tantas partes, con su rollo de papelotes bajo el brazo y un panegírico de su ferrocarril entre los labios, como aguijoneado por el persistente acicate de un pensamiento fijo, muy semejante al del antiguo proverbio alemán «*Detrás de las montañas, también viven hombres*». Mas, allí ha encontrado el ilustrado ingeniero, campo fecundo para el cultivo de su idea, tornavoz apropiado para recibir y reflejar multiplicada su doctrina: allí ha encontrado oídos que le atiendan, entusiasmos que le alienten, esfuerzos que le ayuden, nombres prestigiosos que patrocinen su proyecto; por eso brota allí inmediatamente la «comisión organizadora» y la suscripción se abre y se llenan las listas y los estudios se harán. El ensueño, el imposible que se ha llamado durante tanto tiempo «ferrocarril de la Sierra», será, como tantas otras *posibles utopías*, en plazo no lejano, consoladora realidad.

Acaso se tenga por paradójico; pero es lo cierto, al menos en una tierra que parece regida por el contraste permanente y la perpetua contradicción, que nada es, para las gentes, menos razonable que la razón, ni más incierto que la verdad. El vulgo, que no es solamente el de los pobres y los analfabetos sino también el de los letrados y los poderosos, peor éste que aquél, pues sobre la miopía de su ignorancia, pone lentes oscuros la soberbia, el vulgo, digo, se resiste á entender la sencillez de lo verdadero y *comprende* siempre, con sorprendente facilidad, la incomprensible complicación de lo maravilloso. Brindadle oro en el Manzanares ó una ganancia inverosímil en operaciones dirigidas por cualquier Dª Baldomera: ofrecedle un tesoro, escondido en una plaza pública, por un general francés de la invasión napoleónica ó por un judío expulsado en tiempo de los Reyes Católicos: proponedle la compra, á caro precio, de una misteriosa receta de polvos para *hacer* sardinas y hallaréis crédulos á centenares, que lucharán hasta morir por defender la evidencia de vuestro negocio y que pondrán en vuestras manos, haciendas, honor y vida. Pero habladle de un ferrocarril entre dos importantes núcleos de población, por entre fértiles vegas y poblados montes: decidle que la empresa es directamente un negocio é indirectamente un manantial inagotable de riquezas para la región; que es la prosperidad de muchos y el pan de todos; no vale que los economistas se desgañiten ponderando las excelencias de las vías de comunicación, pregonando que «importa más vender que producir», demostrando sus aserciones con hechos irrefragables, no con apriorismos discutibles: un ligero encogimiento de hombros, una pasividad obstruccionista ó una franca sonrisa de desdén ó lástima, será vuestra respuesta: sois utopistas, soñadores, ideólogos, é iréis peregrinando, con vuestra verdad, por la Tierra, hasta que halléis otros *locos* que os entiendan, como fuera el iluminado genovés, regalando un mundo, que nadie quiso, hasta dar con aquella sublime *visionaria* cuyo recuerdo bendecimos bajo el nombre de Isabel I de Castilla.

En este extraño fenómeno del indescifrable espíritu del hombre es, tal vez, donde se ha estrellado hasta ahora el proyecto del ferrocarril serrano: por ello, acaso, es por lo que hemos visto acabar el siglo XIX sin que podamos comunicarnos con nuestros hermanos de allende las montañas, para trabajar en común, por la común prosperidad. Cuando con los kilómetros de vía tendidos por la sobrehaz de la Tierra, podría holgadamente darse una docena de vueltas al planeta y, enderezándolos por los espacios siderales, nos llevarían más allá de la Luna, los pueblos de la Sierra no han sido despertados todavía con el silbato de la locomotora, diana del progreso. Podemos ir arrastrados por aquella, desde Cádiz, junto á las playas del Atlántico, hasta los remotos confines del Asia Oriental, junto á las costas que baña con sus olas el mar del Japón, pero no podemos ir, sino en la *góndola* tradicional, hasta esos pueblos que vislumbramos desde los terrados de nuestras casas. Gozan de aquella peregrina invención, la más grande de todas las invenciones de los hombres, si los hombres no hubieran inventado la escritura, los indígenas de Australia, Taití y Nueva Zelanda, los *malayos* que tuvieron la fortuna de nacer en Java, los *turcos* del Asia Menor, los *fellahim* de Egipto, los *berberiscos* de Argelia, pero no la pueden gozar los libres ciudadanos de un pueblo europeo del siglo xx.

No vale hablar de dificultades: salvo un minúsculo trayecto, por extensas planicies en que apenas habrá más que sentar las traviesas y tender los rieles, marcharía nuestra obra. Pero, de todas suertes, ¿cómo hablar de dificultades á los hombres de ciencia de nuestro tiempo, que han podido lanzar audazmente, arcos de 500 metros sobre los brazos de mar, como en el Forth y suspender, en los espacios, puentes como el de Brooklyn, sobre las colosales construcciones de populosas ciudades?; no: no se puede hablar de dificultades á quien cuelga un túnel suspendido sobre el rugiente Niágara, á quien, con galerías de 15.000 metros, perfora colosos como el San Gotardo, á quien, con canales como el de Suez, rompe y desgarra el secular abrazo de dos continentes. No hay dificultades: estepas en Asia, desiertos en África, pampas en América, selvas, pantanos, desfiladeros y abismos en cualquier parte, todo lo salva victoriosa la locomotora; ya se desliza bajo las ciudades como en los metropolitanos de París y Londres: ya corre á nivel de los altos pisos como en los ferrocarriles elevados de Nueva York: ya se encumbra á 4.700 metros como en las nevadas crestas de los Andes: ya osadamente se sepulta en las negras entrañas de esos gigantes de la Tierra, que se llaman Simplon ó Mont-Cenis: allá va siempre en marcha vertiginosa, impelido, no tanto por la fuerza que se retuerce en sus calderas, cuanto por el soberano aliento del cerebro humano, que parece no hallar dique que no rebase, obstáculo que no venza, resistencia que no pulverice. Fiemos en él y él trocará nuestro factible ensueño, de en sueño en realidad.

Para que el trueque se realice quedan aún, ciertamente, muchos obstáculos que remover, muchas voluntades que reunir, muchos problemas que afrontar: mas ¿cómo no fiar en el éxito, observando las listas de suscripción para los estudios? Salvo honrosísimas excepciones, son los honrados nombres de los ciudadanos de la clase media los que en ellas se amontonan: son ellos, los primeros que se han decidido á depositar su modesta ofrenda, para la noble empresa: ellos los que han suscrito ya la mitad del capital suscribible, comprando el legítimo placer de contribuir al patriótico empeño, al precio, tal vez, de alguna privación en el hogar humilde: ellos, los pequeños, los que no tienen, son los que han dado, cuando las Corporaciones oficiales, los magnates de la política y de la nobleza; los príncipes del dinero y de la industria, se apresuren, con nobilísima emulación, á disputarse la honra de cooperar al intento, la suscripción quedará cubierta, con nunca vista facilidad.

Ni es presumible que ahí se detengan: pondrán al servicio de la idea los prestigios de su nombre, las influencias de su posición, el dinero de sus arcas y el ferrocarril se construirá; no fuera, suponer lo contrario, solamente ofensivo para su bien probado patriotismo: fuera, ante el contraste entre los pequeños y los grandes, como dar la razón á la amarga sentencia del poeta: «... considero —que Dios desprecia el dinero— al ver á quien se lo da».

No: no es esta la hora de los desfallecimientos y las desconfianzas, de las apatías y los egoísmos: es la hora de los entusiasmos y los sacrificios; los rezagados de la Historia queremos volar tras de los pueblos civilizados: los empantanados en la asquerosa ciénaga de nuestras preocupaciones y nuestro atraso, anhelamos correr sobre terreno firme, para embriagar los ojos, desde las empinadas cumbres del Progreso, en horizontes sin fin de paz y bienandanza. En el reducido campo donde á las gentes de esta tierra, nos toca maniobrar, luchemos, es el deber de todos, luchemos: ahora por el ferrocarril, mañana por la explotación de minas, por la creación de industrias, por el establecimiento de colonias: más tarde, por la canalización del Guadalete: después... ¿quién sabe?, después y siempre, sin tregua ni fatiga, por todo lo que suene á bienestar de nuestro pueblo, á prosperidad de la comarca, á grandeza y esplendor de la Patria. Animo, pues, y adelante: que resuene incesantemente en nuestra alma, la vigorosa voz del moribundo poeta de los «gritos del combate»; que oigamos siempre la lira grandilocuente del glorioso vate que parece haberse incorporado trabajosamente en su lecho de muerte, para clavar los mortecinos ojos en los desmayos de su pobre patria y animarla á la lucha, desde los umbrales de la Eternidad, lanzando, con los alientos últimos, su varonil y soberano *¡Sursum corda!*

AMALIO SÁIZ DE BUSTAMANTE

28 Marzo 1901

Del ferrocarril de Jerez a Villamartín[40]

PARA ALUSIONES

Un cortés, lisonjero y bien agradecido requerimiento de *El Reformista* me impone la necesidad de escribir estas cuartillas. Sean ellas claras y sinceras ya que a otros méritos, por ser de quien son, no puedan aspirar. Distanciado, tiempo hace de los asuntos de carácter público, mi modesta opinión carece del valor y la autoridad que *El Reformista* generosamente le otorga; pero, puesto que ello, sin imperdonable descortesía, no tiene remedio, allá va, valga lo que valiere, la humilde opinión solicitada.

Un puñado de hombres de buena voluntad reorganizó, hace una quincena de años, la por entonces moribunda Cámara de Comercio de Jerez. Inspirados por un ingeniero jerezano de claro entendimiento y corazón limpio, amantísimo además de la comarca, inscribieron sobre la bandera de la renaciente institución este lema: «Pantano del Guadalcacín, Carretera de Jerez a Cortes, F-C de Jerez a Villamartín y Setenil».

Desde entonces acá, *lenta pero continuamente* ha progresado la *carretera*. *El Pantano* está ya hecho; atrevida, gallarda se alza la presa en la angostura del Majaceite, glorificando el nombre del sabio ingeniero González Quijano, orgullo de Jerez y honor del cuerpo. Tardarán aún las aguas del inmenso lago artificial en fecundar las tierras del término jerezano: quedan aún que realizar complicados trabajos de distribución: aún habrá que salvar obstáculos, que extraviarse en infortunados tanteos, que afrontar las pugnas entre las nuevas ideas y los moldes viejos; pero, al fin, la obra gigante producirá todos sus frutos y llegará a ser en la vida, lo que fuera en nuestra imaginación allá por los tiempos de la propaganda: paz para nuestras contiendas sociales: pan seguro y hogar tranquilo para muchos desheredados: riqueza y prosperidad para la región y para la patria. Y el ensueño, el delirio, como nos gritaban los agrios impugnadores de nuestras ardorosas predicaciones, la utopía, en fin, será una venturosa realidad. Pero el *ferrocarril*...

Parecíanos el ferrocarril lo más hacedero; y es lo único que está todavía por hacer ¿Ineficacia de los auxilios legales? ¿Excepticismo, indiferencia y disociación de los pueblos interesados? ¿Negligencia o inhabilidad de los que echamos sobre nuestros hombros el pesado fardo de la difícil empresa? Sólo una idea aparece clara en mi conciencia, entre las nieblas que en ella ponen estas dudas: la de que otros podrían haber sido más inteligentes o afortunados, pero ningunos más entusiastas y perseverantes que los que durante tantos años hemos formado el Consejo de la sociedad de Estudios.

No era posible proponer el negocio de la línea sin demostrar que la línea era negocio: es decir, para buscar el dinero precisaba el estudio y para hacer el estudio precisaba el dinero. Fuimos de pueblo en pueblo y de casa en casa pidiendo como de limosna... «para los estudios del ferrocarril...» Diez a diez, recabamos ofertas de veinte mil duros que, aunque no fueron tantos a la hora de hacerse duros las ofertas, bastaron para pagar puntualmente los estudios. Hicieron estos los Sres. Gallegos y Castellón, ingeniero director el primero del Acueducto de Tempul, ingeniero de estudios en la actualidad el segundo de los ferrocarriles del *Norte de España*. Tuvimos al cabo nuestro proyecto de *vía normal*.

Con él obtuvimos la inclusión en el plan de secundarios, fijado por R. D. de 31 de Marzo de 1905; circunstancia esta en nuestro sentir, de gran interés y trascendencia.

Sucediéronse entonces con deplorable rapidez los abortos legislativos sobre la materia: cada cambio de Gabinete traía aparejado un cambio de sistema, *nouveaux rois, nouvelles lois*, y al fin vino una ley, una de la media docena con que el Estado pretendía construir los ferrocarriles y no lograba más que aumentar la colección legislativa; y esa una sentía predilección por las *vías de metro*, y a ellas otorgaba sus favores. ¡Podíamos tirar nuestro proyecto! Arañando en nuestra caja, suplicando a nuestros deudores, poniendo a prueba el desinterés del ingeniero, hicimos otro proyecto de vía estrecha: como al legislador le gustaban.

Con estos dos proyectos en la mano hemos peregrinado por el mundo, llamando a todas las puertas, yendo a todos los lugares donde columbrábamos la más ínfima posibilidad de realización: hemos gestionado directamente o por medio de agentes de negocios: de palabra y por correspondencia: En España y en el Extranjero: sin éxito, pero sin descansos.

Hasta que llegó la guerra. El abrasador huracán del colosal conflicto acabó de agostar nuestras ya marchitas ilusiones. Perdíamos ahora la esperanza en el capital extranjero ¿Cómo había de venir el capital extranjero ni en la guerra, ni después de la guerra a construir ferrocarriles en España? Antes ya habíamos perdido la fe en el capital español; porque, insincera y falaz la ley de auxilios, procurando engañar al concesionario con el espejuelo de una falsa garantía de interés, había alejado al capitalista de buena fe y engendrado a su alrededor el hervidero de los proyectos también insinceros y los presupuestos *inflados*. Para navegar en esa charca de inmoralidad y falsificación no eran buena carga el limpio honor del Consejo y la acrisolada honradez del ingeniero de la sociedad de Estudios. Y nos cruzamos de brazos en la orilla, contemplando avergonzados y entristecidos el doloroso espectáculo...

Concluyó el pasado. El presente puede resumirse de este modo. Tenemos dos proyectos: uno de vía ancha y otro de vía de metro. Hállase el trazado incluido en el *plan*: goza, por ello, de todos los privilegios y beneficios que otorgó la ley de 1907 y han ratificado las posteriores, entre ellos la más o menos eficaz garantía del 5 por 100 de interés al capital del presupuesto. Comprenden nuestros estudios desde Jerez hasta Setenil (132 kilómetros) que por permisión expresa de la ley pueden constituirse y explotarse *por secciones*: siendo las secciones de Jerez a Villamartín (60 kilómetros) las de más fácil construcción, menor presupuesto y más útil explotación; y las de Villamartín a Setenil muy difíciles y dispendiosas y de menor tráfico probable. Resta añadir que, solicitada por nosotros la *concesión*, sólo acudió al concurso nuestro proyecto: pero nos vimos forzados a suspender la tramitación del expediente, por considerar imprudente llegar a la concesión sin contar con empresa constructora.

¿Y ahora?... Aprobó el Senado últimamente un proyecto más sobre secundarios. Si los preceptos de su Capítulo 2° no estuvieran, como algunos suponen, pérfidamente neutralizados por los del 1° bajo aquellos preceptos tal vez pudiera realizarse la obra con capitales de la región. Pero aquel proyecto no fué ley: maniobra puramente política o convicción honrada de su inconveniencia, Cierva lo combatió tozudamente en el Congreso y a las plantas de Cierva sucumbió la ley.

Pero ¿querrá y podrá el Gobierno realizar algo en este camino, por procedimientos extralegales, al amparo del Consejo de Estado, legislando por decreto sobre lo que el Senado aprobó...? ¡Ah! sobre esos temas de política militante, si *El Reformista* me pregunta, yo sólo podré responderle glosando el catecismo «Representantes en Cortes tiene la Provincia de Cádiz que os podrán contestar». Desde mi retiro, a través de las densas nieblas que ennegrecen el horizonte, no se ven bien los planes y propósitos del Gobierno de España, ni siquiera se vislumbra hacia qué parte de España está el Gobierno.

Mas hay una cosa cierta; y con decirla acabo. Si Cádiz observa la lamentable carencia de espíritu provincial y mira con justo sobresalto como, mientras unos pueblos ponen sus afanes en Málaga, tienden otros sus brazos hacia Sevilla: si medita serenamente sobre que la capitalidad que confiere honores y ventajas, impone también obligaciones; si cree que la capital, rica, culta, influyente debe protejer y tutelar a los pobres pueblos, impotentes y desamparados: y, si practicando la doctrina, quiere trabajar en la iniciativa de Jerez, que más que a Jerez interesa a Cádiz... yo afirmo que Cádiz podrá contar con la incondicional adhesión de la sociedad de Estudios y con la cooperación y auxilio entusiasta de la ciudad de Jerez, gran pueblo, acosado por múltiples infortunios, pero siempre noble, siempre alentado y generoso. Y entonces, por encima de los extravíos de unos y las torpezas de otros, de las intrigas de los adversarios y aún de las falacias de las leyes, el ferrocarril se hará.

AMALIO SÁIZ DE BUSTAMANTE

San Fernando 9-8-1917

JEREZ-VILLAMARTÍN-SETENIL. Hacia la
realización de un sueño antiguo[41]

La prensa lo anunció oportunamente; las noticias particulares nos lo acaban de confirmar:

El ferrocarril J. V. S. figura en el plan de ferrocarriles de urgencia.

Un ministro que por su carrera y por su nacimiento y residencia conoce bien los problemas de la incomunicación de España y de la provincia que algunos llamaron «la cenicienta», ha formulado un plan de aquellas SIETE LÍNEAS que son, en su opinión autorizadísima, de mayor necesidad en la red ferroviaria española. Hay en ese plan *acortamientos* de tan notoria justificación como Puertollano-Córdoba, Cuenca-Utiel, Madrid-Burgos, Zamora-Orense, etc., que acercarán unas cuantas horas a la capital de la nación ciudades del litoral tan importantes como Coruña, Cádiz, Málaga, Valencia, Bilbao, Santander...

Ese plan —que por múltiples motivos transformará el problema de la circulación ferrocarrilera, descentralizándola y acelerándola— se declara de interés inmediato, inaplazable, *preferente*. Y en ese plan figura nuestro Jerez-Setenil ¿Hay alguna razón para alegrarse?

Desde el 12 de Diciembre de 1923 en que se inició nuestra gestión cerca del Directorio ¡cuántos esfuerzos ineficaces, cuántos trámites inútiles! Seguimos durante nueve meses un expediente *especial* a través de consejos, ministerios y divisiones y al llegar a la resolución del Directorio, éste acordó, contra nuestras fundadas esperanzas, que se formara un plan *general*. Perseguimos este nuevo expediente en la información pública provincial, en el Estado Mayor Central y en el Consejo de O. P. Allí estaba y allí está dicho expediente con su enorme balumba de escritos, planos y alegatos: allí estábamos también nosotros razonando ante la ponencia la justicia de nuestra pretensión por el autorizado intermedio de esos buenos ingenieros jerezanos que han sido siempre los abogados defensores de nuestro largo pleito...

Y repentinamente el ministro —que acaso como técnico tenía de antiguo mortificado su espíritu por el abrumador problema de los transportes y meditada una solución que sólo siendo ministro podría realizar— salta por encima de los trámites dilatorios y formula el «Plan de urgencia». La competencia del ministro es la garantía del acierto... Y en ese plan figura nuestro JEREZ-SETENIL. ¿Hay alguna razón para alegrarse?

El Consejo de la Sociedad de *Estudios* —del que yo tengo como la mayor honra de mi vida haber formado parte durante un cuarto de siglo— alcanza hoy una generosa recompensa de sus incontables amarguras. Ha fracasado cien veces: con las empresas constructoras españolas y extranjeras: con las leyes, cambiantes cada día: con los Gobiernos de todos los matices: había fracasado... hasta con el Directorio. Pero todo, todo, trabajos estériles, cavilaciones inútiles, tropiezos y desencantos, todo pesa menos y vale infinitamente menos que esta alegría de hoy.

AMALIO SÁIZ DE BUSTAMANTE

Charla Ferroviaria. NO SE PUEDE
SEGUIR NI SE PUEDE PARAR[42]

El desplome del plan Guadalhorce no es sino el más reciente episodio de una discordia vieja. ¿Industria o servicio? ¿El Estado o la empresa? ¿Liberalismo o estatismo?

El principio de la construcción por el Estado estuvo siempre en las leyes; las más viejas, las del 50, del 55, 64, 77... todas, lo proclaman; pero solo como posibilidad: la realidad fué siempre otra.

Justamente temeroso el Estado de verse enzarzado en negocios de ruina —frágil como es su caja ante los asaltos de los intereses— buscó defensa y norte en el sistema de la concesión y el auxilio. La empresa concesionaria no habría de arriesgar sus caudales más que en construcciones de esperanza: cuando ella los aventurara el Estado aventuraría también las subvenciones. Esto es: el Estado ciego tomaba un lazarillo.

Por este procedimiento precautorio la selección de las líneas se lograba automáticamente. Hallarían capitales, empresa, concesión y por consecuencia auxilios, primeramente las líneas de máxima rentabilidad, después las de renta segura, las de utilidad probable, posible, problemática...; nunca las de rendimiento nulo. Así se construyó la red *primaria* española.

La frondosa legislación para la red *secundaria* que cubre con su estéril follaje la *Gaceta* de la primera veintena de este siglo no abandona su mentor y guía. Subvenciona, garantiza, pero no construye. Montero-Ríos, Villanueva, Navarro Rodrigo, González Besada, Sánchez Guerra, Gasset en las leyes de 1901, 4, 7, 8 y 12 siguieron cautelosamente adscritos al principio de cooperación con la empresa, de la abstención del caudal público donde el caudal privado no se arriesga, de la no ejecución directa por el Estado. Acaso latía en lo hondo del problema una discordia entre el técnico y el político: éste partidario de la intervención prudente y cauta, tal vez lenta e ineficiente: aquél apasionado de la acción directa franca y decidida, tal vez temeraria.

Y un día la Dictadura —también acción directa— arrancó el gobernalle de las manos del político para entregarlo al técnico, no pensando que también la política es una técnica. El funcionario, nutrido en el dogmatismo de la escuela, gobernó para la doctrina de modo fulminante y audaz. Y empuñando el timón viró en redondo. Rodaba por los Consejos del Reino un plan general de ferrocarriles; lo sorteó. En el consejo histórico del *break* de O. P., camino de una fiesta en S. Lorenzo del Escorial, logra que el gobierno apruebe alegremente su *Plan de ferrocarriles de urgencia a construir por el Estado*. No van en él más que seis líneas; pero después siete; más tarde quince, veinte, veintisiete...

¿Hay que recordar el resto? No hubo interés que no alargase su zarpa ni rincón español que no gritase su afán, ni línea que no fuera urgentísima. Se forjó una Hacienda fuera del ministro de Hacienda: rodaron sin cesar los últimos dineros del pobre erario español, se hipotecó el porvenir y se derritieron los millones como la sal en el agua. Y ahora nos encontramos con veintisiete obras comenzadas: encendidas, centelleantes, las fantásticas ilusiones de los pueblos. No se puede parar ni seguir. No hay modo de desistir sin provocar tremendos conflictos, ni modo de pagar, aún con el sistema de «trampa adelante». Un solo ferrocarril, UNO SOLO de los veintisiete, costará más, si se hace, que el total rendimiento del empréstito de 500 millones que España postula el día 12 para todas sus necesidades en medio de cien cubileteos y sacrificios, dejándose, como es uso, las lanas en las zarzas.

Quizás era esto lo que sabía la astuta marrullería del político práctico: esto, esto, lo que ignoraba el candoroso doctrinarismo del técnico iluso. Que cuando se abriera la caja de las liberalidades sin dueño y sin fondo, entrarían en ella como buitres voraces cien codicias insaciables y que no podría cerrarse sino después de exhausta y saqueada: que el pobre Estado, ciego tal vez, no iría seguro en las manos acaso infieles de la empresa lazarillo, pero que privado del lazarillo, no podría dar paso sin traspiés ni caminar sin caer en el despeñadero.

El problema aparece trágicamente insoluble. El ensayo de estatismo ha sido funesto y dejará rastro. Menos mal si el fracaso desconsolador resulta ejemplar y aleccionante.

Pero en este derrumbamiento ¿qué suerte aguarda a nuestro ferrocarril serrano? Ni un instante he sentido el temor de su abandono. Aunque sé que se discutirá porfiadamente, furiosamente el plan futuro de ferrocarriles, tengo el nuestro como indiscutible.

1° *Por su interés estratégico*. Sección de un acortamiento entre los arsenales de Carraca y Cartagena, comunicación «tierra adentro» entre dos mares cuya unión no dominamos, es necesidad nacional de antiguo sentida. «Ya el año 19, siendo yo jefe en el batallón de ferrocarriles —nos decía el general de ingenieros Sr. Vives— cuando nadie podía soñar en la Dictadura ni yo en ser ministro de Fomento, propuse esta línea al E. M. de La Armada. Venís pues a pedir al más convencido de su necesidad, al iniciador de la idea». Lo que Vives no pudo saber es que su interlocutor había propugnado y conseguido la inclusión de este ferrocarril hacía quince años en el plan de secundarios y *estratégicos* de 1905, lo cual ganaba para la línea una más venerable ancianidad.

2° *Por su segura rentabilidad*. Liga tres opulentas provincias, Málaga, Sevilla y Cádiz. Corren sus 126 kms. sobre una tierra poblada, rica y feraz de fértiles cortijos, extensos olivares y regadíos tan prometedores como las 10.000 Has del Guadalcacín. Sirve una zona donde hay, sin una línea férrea, veinticuatro pueblos con 200.000 habitantes; de ellos ocho con la estación al pie del caserío urbano, con 135.000 moradores.

3° *Porque está hecho*. La ejecución de nuestro ferrocarril fué la primera de las puestas en marcha: (29 Mayo, 6 Julio, 1926). La rapidez de la arrancada podrá constituir su salvación. Hay 100 kms. desde Jerez a Olvera enteramente terminados, salvo la traviesa y el carril. 42 millones pagados: falta escasamente 1/7 de la obra total subastada. Muchos importantes puentes y viaductos, algunos de 200 metros: 47 túneles, 10 estaciones; más de 300 obras de fábrica... ¿Quién tendrá valor para abandonar todo eso?; no habría en la historia del mundo ejemplo semejante.

¿Una atenuación del ritmo, un *rallentando* final, ocho años en vez de siete...? Tal vez, acaso. Ello no habría de encender a la manera gallega nuestra sangre musulmana. Hechos estamos a más graves tardanzas. 26 años —VEINTISEIS— hace que comenzaron los trabajos del Guadalcacín: y las generaciones desfilan silenciosas por delante de las obras sin fin, con la triste indiferencia de la raza, extraña al fracaso del patriótico y humanitario intento que las hizo nacer. ¡Qué más da!

AMALIO SÁIZ DE BUSTAMANTE

7-IV-1932

QUINTA SECCIÓN: ACTIVIDAD POLÍTICA

Aquí, se presentan los escritos que permiten ilustrar la participación directa de Amalio en el escenario político.

En el primer texto seleccionado, *La candidatura*, se da cuenta de la proclamación de Amalio como candidato a Diputado a Cortes por parte de las Juntas republicanas de la circunscripción de Jerez; y su respuesta a esta designación *extraña* a su voluntad.

En el segundo escrito, en forma de carta abierta dirigida al destacado líder republicano Fermín Aranda, ahora con motivo de las elecciones municipales a las que concurre dentro de la candidatura mixta de republicanos e independientes, Amalio hace un llamamiento a la participación ciudadana para conseguir liberar los concejos municipales de la opresión caciquil.

Por último, se incluye el escrito titulado *Tolerancia* en el que alaba la mantenida por el diario *El Guadalete* a lo largo de sus 75 años de historia, cualidad que lamenta no encontrar habitualmente en la Prensa.

La Candidatura del Sr. Sáiz de Bustamante[43]

Sr. Director de EL GUADALETE.

Muy Sr. mío: Tuve por ese periódico noticia (que referencias fidedignas corroboraron después), de haberme proclamado candidato para las elecciones próximas, la asamblea de las Juntas municipales republicanas de la circunscripción, celebrada en Arcos un día de esta semana.

Esta designación ya pública, que estimo una distinción y una honra, tan extraña á mi voluntad como superior á mis modestas ambiciones y escasos merecimientos, me impone, en mi sentir, el deber de dar alguna concisa explicación sobre mis puntos de vista acerca del particular. Y son éstos:

1º Que aunque sean mis opiniones sobre Política y Administración bien conocidas de muchos, por haber sido expuestas repetidamente de palabra y por escrito con la mayor publicidad, el hecho cierto es, que nunca, ni ahora ni antes, he formado en las filas de ningún partido constituido, republicano ni monárquico, permaneciendo por completo extraño á las contiendas de la política militante, sin prestar acatamiento á organizaciones, disciplinas y jefaturas de ninguna clase.

2º Que, esto no obstante, reconozco como indiscutible el derecho que tiene todo elector ó grupo de electores para votar aisladamente, ó concertarse para votar de común acuerdo, á quien les plazca, sea quien sea, sin previo consentimiento del favorecido, cuyas venia y autorización son para el caso absolutamente innecesarias. La Junta de Arcos ha obrado, pues, dentro del círculo de sus innegables atribuciones, y nada tengo que decir de ella sino es rendirle un público testimonio de mi perdurable gratitud.

3º Que como yo no puedo realizar actos de intervención activa (que implicarían una aceptación) sin desmentir el contenido del número 1º, ni puedo tampoco rehusar categóricamente la proclamación, sin contradecir lo expuesto en el número 2º, en esta doble imposibilidad han de encontrar las personas de buena fe, —únicas para quienes escribo— completa explicación á mi actitud de forzosa pasividad; esta es la línea de conducta que á mi entender las circunstancias me imponen. Ella satisface bien las imposiciones de mi conciencia. ¡Ojalá baste también como prueba de mi gratitud á los que favorecen mi humilde nombre con la inmerecida y no ambicionada distinción que motiva! ¡Ojalá baste también al juicio de mis convecinos —cuya estimación y buen concepto han sido siempre los solos estímulos de mi conducta— como prueba de que sigo acomodando mis actos á las rigurosas exigencias de la más absoluta sinceridad y escrupuloso desinterés!

Ruego á V., Sr. Director, la publicación de esta carta y sean mis últimas palabras para expresarle mi reconocimiento por el favor que al publicarla me dispensará.

L. b. l. m. s. a. a.,

AMALIO SÁIZ DE BUSTAMANTE

Sanlúcar, 25, VIII, 905

El mitin de ayer y las elecciones de mañana[44]

AMIGO FERMÍN:

Si yo fuese orador —que nunca lo he sido— y si además de serlo, no tuviera severamente prohibidas las —para mí— mortales emociones y angustiosos pánicos de la pública exhibición... yo iría al mitin; yo iría al mitin á defender la candidatura mixta de la Junta republicana, y allí diría —poco más ó menos— lo siguiente:

Cuando el legislador del 70 —que respiraba aún el ambiente purificador de la revolución de Septiembre— concluyó su ley municipal, bien pudo creer que había consolidado en España el imperio de la democracia, estatuyendo el sistema del gobierno y administración del Pueblo por el Pueblo.

Todo, en efecto, en la ley municipal trasciende á precaución contra las demasías y arbitrariedades del Poder. Los Ayuntamientos son —según su expresa voluntad— corporaciones económico-administrativas; como se quieren respetar las minorías, los Ayuntamientos han de resultar trasunto, espejo y representación de todas las clases sociales: los concejales se eligen por sufragio: cesan por razón del tiempo, no por los cambios y trueques del poder central ni por las mudanzas de la política; los fondos procomunales no se pueden mover sino dentro de los estrechos moldes de una autorización previa, el *presupuesto*: y el presupuesto ha de ser aprobado por la *Junta Municipal*: y la Junta Municipal ha de ser designada por sorteo, con rara publicidad, á toque de campana... Todo monserga inútil; todo letra muerta, precauciones pueriles, preceptos vanos.

Los Ayuntamientos son políticos y patrimonio de los partidos: no hay mayorías ni minorías, ya que las funde y casa el pacto y el contubernio: el sufragio se falsifica: el presupuesto se traspasa: y, á despecho de las campanas, del sorteo y la publicidad, la Junta es hechura del poder, porque es tan ciega la suerte que no echa fuera más nombres que los de los amigos devotos del cacique. Sí: entre la ley y la realidad hay un abismo sin fondo; porque a pesar de la ley, los Ayuntamientos son... lo que son, no lo que la ley quisiese que fueran.

Y lo que son, bien lo sabéis vosotros. ¿A qué repetirlo con enojosa insistencia? Son el brazo de hierro con que un cacique empuña un pueblo y le somete y esclaviza: son la fragua donde se forjan las armas traidoras con que se perpetra la usurpación de vuestros votos, que es tanto como la estafa de vuestra voluntad soberana; son la guarida, refugio y asilo de las huestes caciquiles que prestan, prestaron ó prestarán un bochornoso servicio electorero, volcando un puchero ó introduciendo un embolado: son la realización práctica de aquella teoría sin entrañas del *industrialismo político*, cuyo principio fundamental es este: «toda organización política es una *empresa*, una explotación industrial en provecho de los empresarios»; son, no las representaciones legítimas de los pueblos libres, como los grandes municipios de Europa y América que preocupados del bienestar de *todos*, afrontan el problema magno de la «municipalización» para que *todos* logren luz y locomoción, alimentos y medicinas... sino los aborrecidos capataces de los pueblos esclavos que, como los de Calabria ó de Sicilia, viven según cuentan, entregados al turno de dos familias y condenados á volcar su presupuesto en las manos rapaces del funcionario apadrinado, del contratista protegido, de los parientes sin fortuna ó de los amigos sin pudor... Sí, señores: quiso la ley que fueran los Ayuntamientos, asambleas de libres ciudadanos administradores de pueblos, dueños de sí mismos y la realidad quiere que sean, con frecuencia dolorosa, mesnadas de siervos señoriales que, cuando forman bajo las mazas del cabildo, enseñan por entre los faldones del frac, los rabiosos colorines y los dorados botones de su casaca de lacayos.

¡A esto, á esto ha venido á parar el altivo *concejo* castellano, salvaguardia de las libertades, que detenía á los monarcas en las puertas de los pueblos, y en cuyos senos vigorosos buscaron los reyes fuerzas contra el poder feudal, para luego entregarlos, andando los días, en las manos del feudalismo caciquil, el más inmundo —dice un autor— el más repugnante y bajo de todos los feudalismos!

De esta degradación y envilecimiento gran parte de la culpa es nuestra. Los caciques, es cierto, hicieron cuanto pudieron por atropellar la ley y apoderarse de los municipios; pero ¿qué hicieron los pueblos para impedirlo?... Alejarse, abstenerse, resignarse, hasta negar su auxilio si alguna vez se les pidió, sin tener en cuenta que también se delinque por omisión, y olvidando que en la Política como en la Naturaleza se siente «el horror al vacío»; el lugar que debiera ocupar un hombre honrado, si el honrado no lo ocupa, vacío no ha de quedarse: lo ocupará un bribón.

Aun sin salir de Jerez tenemos pruebas recientes de los perniciosos resultados de ese abandono suicida. Un azar, juntó en el Ayuntamiento hace algunos años unos cuantos honrados convecinos, de carácter bastante independiente para no poder soportar sobre los hombros la infamante librea caciquil. Lucharon allí denodadamente por los intereses de sus conciudadanos; fiscalizaron sin tregua la administración: impidieron muchas tropelías... ¡Dios sabe cuántas ni se intentaron siquiera por estar allí ellos!; y ahorraron, por fin, algunos millones al pueblo de Jerez peleando tenazmente durante cuatro años contra la exacción de nuevos y exorbitantes arbitrios. Y bien: combatidos sañudamente, á sangre y fuego ¿quién los ayudó?; insultados, vejados, escarnecidos á diario ¿qué público desagravio se les ha ofrecido?; arrojados por último, del Ayuntamiento á virtud de una violenta arbitrariedad ¿donde estalló la protesta viril que restableciendo el imperio de la ley atropellada, les reintegrase en sus derechos desconocidos?... Bueno: pues, la expiación tras de la culpa: quedáronse solos en el Ayuntamiento los servidores leales del triunfante caciquismo, libres ya de la enojosa vigilancia de los independientes, y los frutos de aquella apetecida soledad ¿sabéis cuáles fueron? pues fueron los ruidosos quebrantos y colosal desastre de las últimas administraciones, cuyos enormes déficits, (que casi duplican la deuda) hubieran bastado para levantar en la Angostura la presa de nuestro Pantano. ¡Así ha purgado Jerez la indiferencia suicida con que asistió á la expulsión de aquellos sus celosos administradores! ¡Así, á tan caro precio, pagan siempre los pueblos la renuncia de sus derechos y el abandono de sus leales defensores!

Hoy, venturosamente, parecen cambiar las cosas; y la feliz mudanza, obra es y mérito indiscutible del partido republicano, que ha logrado infundir un soplo de vida en el yerto organismo de un pueblo aletargado y moribundo.

Generoso —con la noble generosidad de la juventud y la fortaleza— no lucha solo por él y para los suyos, sino que lucha por todos y para todos. Ahí está su candidatura. En ella, y al lado de los republicanos, han puesto los republicanos mismos á los que no lo son, porque es su candidatura obra de unión y armonía y concordia de todos los intereses legítimos; en ella, y al lado de los republicanos, han puesto los republicanos mismos á los independientes, á aquellos independientes tan torpemente arrojados del Municipio: porque era empeño de prudencia llevarles al Ayuntamiento ya que en el Ayuntamiento no les quieren, y porque era además obra de reparación que Jerez les debía; en ella, por fin, figuran también obreros, porque es empresa noble y justa abrir al Pueblo las puertas de la Casa del Pueblo y hacerle intervenir en la administración de sus caudales, ya que son ellos, los obreros, los que en gran parte contribuyen á formarles con las forzosas mermas que impone á su comida escasa el oneroso impuesto de consumos.

Y ahora... —no me dirijo á los republicanos porque éstos ya se yo que cumplirán su deber ¿cómo no ha de saberlo el hombre oscuro é insignificante que ellos llevaron al triunfo en la jornada del 10 de Septiembre?: me dirijo al pueblo de Jerez, á los indiferentes, á los amantes del orden y del imperio de la ley— ahora, repito, optad. De un lado los partidarios del *statu quo*: del otro los defensores de la reconstitución de la vida local: elegid; pero tened en cuenta que optáis entre la ansiada emancipación y la tutela envilecedora: entre nombrar los administradores de lo nuestro, ó dejárnoslos nombrar: entre los que creen que la administración y la hacienda municipal son cosa «de todos para todos», ó los que piensan que se trata de hechos puramente domésticos y bienes patrimoniales. Sobre todo, y fuera por quien fuere, utilizar vuestro derecho de sufragio, sin desmayos y sin jactancias, pacífica y ordenadamente al amparo de la ley: porque en la vida de los pueblos cada derecho que se abandona es un paso que se anda en el camino de la esclavitud.

AMALIO SÁIZ DE BUSTAMANTE

Tolerancia[45]

Es de ordinario un periódico —tal vez, a las claras, tal vez, como dijera el Rey Sabio, «a excuso e a encubiertas»— defensor y vocero de un interés, un partido, una doctrina. A su lector asiduo no llega jamás ni aun el eco de las razones que brotan a raudales en los campos de enfrente: él no sabrá nunca por qué piensa lo que piensa el que piensa otra cosa que él: no conocerá ni los nombres de los contrarios, siquiera esos nombres tengan renombre mundial. Esta exclusividad es, como cualquier otra predicación a convencidos, no ya estéril, sino perniciosa; cierra el paso a la verdad, cultiva la discordia, polariza las corrientes ideológicas, enrolando a los hombres en dos grupos sobre los extremos del eje del mundo, del pensamiento. Y crea el sectario, que no oyendo sino la apología de su prejuicio, se recuece en su propia salsa: tipo este de una humanidad inferior y primitiva, con los oídos sordos a toda reflexión y el cerebro petrificado y el corazón rebosante de odios para otros hombres que no conoce, y, no obstante, aborrece. ¿Y por qué ha de ser así? ¿No cabe concebir un periódico que renuncie a esa ficción de su personalidad ilusoria, resignándose a ser sencillamente el mensajero, el vehículo, el intermediario de todas las opiniones sinceramente profesadas y honradamente defendidas? ¿Un periódico que sustituya el artero «nosotros», que suele ser «nadie», por el sincero «yo» de una firma que sienta la responsabilidad de la opinión emitida?

Voy pensando estas cosas extrañas al recordar que desde hace treinta años he sido colaborador de un periódico cuyo ideario no he compartido cien veces. Cambiaron en ese tiempo sus orientaciones, mudaron sus propietarios; me honraron con su amistad cuatro directores, entre ellos mi fraternal camarada el culto, recto y desgraciado Agustín Piñero, cuya buena memoria evoco con emoción en este día: jamás estas mudanzas alteraron mis relaciones con el periódico: este siguió su camino, yo el mío: no pregunté nunca qué ideas defendía EL GUADALETE y él sin reparar en las mías, recibió siempre acogedor y benévolo mis modestas cuartillas.

Este alto espíritu de tolerancia serena, planta exótica que apunta solitaria en el páramo de nuestra ruda intransigencia, este es el que yo quiero coronar de alabanzas en el cumpleaños 75° del veterano diario en cuyas planas aprendí a leer.

Que este germen florezca y fructifique: y que cuando nuestro viejo amigo EL GUADALETE celebre su centenario, sea el periódico que yo sueño: amparador de todas las justicias, propulsor de todos los progresos, campo neutral donde convivan todas las opiniones, tribuna abierta a todas las ideas, mentor imparcial y sabio del Gran-Jerez de nuestros hijos, un pueblo culto y rico, criado en el respeto mutuo y la mutua tolerancia a la sombra de la libertad... Bien sé que esta no se estila en la Europa actual: mas ya volverá la moda. En circunstancias dadas, un astro insignificante como la Luna, nos tapa el Sol; pero el eclipse pasa: bien pronto el Sol vuelve a inundar la Tierra con sus rayos resplandecientes y vivificadores. Así la libertad de los pueblos modernos: de ella puede decirse lo que de la antigua Lutecia dice su divisa romana: «Fluctuat, nec mergitur». Se dobla, pero no se quiebra. Vacila, pero no cae. Fluctúa, fluctúa, pero no se hunde.

AMALIO SÁIZ DE BUSTAMANTE

SEXTA SECCIÓN: COSTUMBRISMO

Cerramos esta selección de escritos con *Pasa la Tierruca*, pieza singular, donde, con motivo del paso por Jerez de una agrupación coral montañesa, Amalio evoca episodios de juventud en su tierra natal.

Pasa la Tierruca[46]

«¿Pero hay cantos montañeses, genuinamente montañeses? ¿No será lo que cantamos importación forastera resellada, cantos que fueron en su origen dulces y melancólicas melodías asturianas, arriscadas jotas navarras, andalucismos tristes y melosas habaneras, traídos en el rico equipaje del *jándalo o del indiano*?» Con tales dudas y disputas tales, andaban a la greña artistas y literatos en Santander allá por el verano de hace... ¡qué se yo cuanto hace! acaso 25 años: los viejos rememoramos con triste dificultad los días felices de la mocedad remota que nos parecen *Ayer*. Y de la discordia resultó un certamen: del certamen, una solemne proclamación.

No sería fácil a tan gran distancia recordar los detalles; pero estoy seguro de que en el certamen obtuvieron premios un ilustre escritor montañés,

Juan Antonio Galvarriato, por una colección de tonadas populares: y los maestros Calleja y Amadeo Vives (alzados más tarde justamente a las cumbres de la nombradía) por sendos *corales* sobre aires de la tierra: que fueron del jurado los inmortales Pereda y D. Marcelino, orgullos perennes de la Tierruca, glorias inmarcesibles de España: que les asesoraron Monasterio, el Sarasate lebaniego, y Bretón y Chapí, los dos compositores que más honraron en un siglo la lírica española. Y, como resultado del certamen, con la excelsa autoridad de los consagradores, quedó proclamada *urbi et orbe* la realidad de una música regional y acalladas para siempre las disputas y fallado sin apelación el pleito. Había una música montañesa.

Creo que de aquel certamen y del orfeón *Cantabria*, iniciador de la busca y descubridor del rico venero, son hijos legítimos estos *Coros*; estos *Coros* que nos vienen diciendo con sus hechos: «No sólo hay una música sino que, alentada por el espíritu andariego y emigratorio de la raza, abandona la casa solariega y sale por el mundo cantando sus canciones. ¡Bien hecho! porque también esto es hacer algo de patria. No nos conocemos los unos a los otros —por eso tal vez no nos amamos— los retazos mal zurcidos de esta floja aglomeración que llamamos España. ¿Qué sabemos nosotros de cómo arrullan al pie de la cuna las madres gallegas, catalanas o levantinas, de cómo cantan sus amores y sus celos, sus dolores y sus alegrías Valencia y Galicia, Cataluña y Vasconia? Sabemos, en cambio, de memoria la *berceuse* y el canto nupcial de los campesinos noruegos, lo que cantan los remeros del Volga, lo que bailan las mozas polacas, lo que silba el viento en la meseta del Asia central...

Ignoro lo que habrán juzgado de nuestros cantos la crítica y la erudición musical de por acá: acaso reconociendo —¿cómo no?— vuestro valer de artistas, no habrán podido penetrar en la entraña de esas canciones, rebeldes, como la raza, a las estrechas ligaduras de un arte convencional: canciones arcaicas, arrastradas a través de los siglos por una tradición acordonada en los valles profundos o en las crestas inaccesibles de nuestra tierra. Pero yo os digo, cantores de Cantabria, que para nosotros los montañeses habéis pasado como una ráfaga bienhechora que sopla dulcemente sobre el rescoldo mal cubierto de nuestro amor a la pequeña patria: y hemos temblado de emoción y ocultado una lágrima, oyendo vuestros cantos; porque esos son los que aprendimos en nuestra niñez y en nuestros años mozos; los que oímos a la zagala garrida al regresar de la fuente, del prado o del regato con la herrada, la garrota o la masera en la erguida cabeza; los que escuchamos cien veces en el *corro* los Domingos por la tarde a la sombra de la espadaña de la iglesuca humilde; los que entonamos a coro con las mozas al tornar de la romería, *cambera* abajo por entre las cajigas centenarias o sendero alante por el camino peonil que serpentea sobre la perpetua esmeralda de sus maizales y praderías. Digamos con nuestra Concha, la del *Jayón*, la de *El metal de los muertos*.

> Cantos y sones montañeses
> Melodías de Cantabria,
> ¡Sois dulzuras de mi tierra
> De su corazón derrama!

Cantores de la Montaña: mensajeros fuisteis de fervorosos mensajes con que la Tierruca saluda a Andalucía la buena, la generosa, la hospitalaria, donde tantos hemos hallado una segunda patria. Llevad a retorno el nuestro. Y, cuando remontando Pozazal, os asoméis al maravilloso balcón reinosano a cuyos pies se tiende la provincia; cuando estéis a la sombra del ingente Peñalabra, *el pico de los tres mares*, como le llamó el erudito señor de Proaño porque sus aguas corren al Pisuerga o al Nansa o al Ebro, que vuelcan sus caudales en los tres mares que circundan Iberia; cuando os sintáis de nuevo en vuestro solar... lanzad, cantores de la Montaña, vuestro bravío *ujujú*, alguna vez grito de guerra, ahora de alegría y de victoria. Quisiéramos que repercutiendo de monte en monte lo llevara el eco peñas arriba y peñas al mar, desde los Picos a Castro, desde los Campoós a Santillana; que lo oyeran a un tiempo campurrianos y lebaniegos, cabuérnigos, trasmeranos y pasiegos; y que ello fuera como el saludo que enviamos los hijos dispersos a la tierra adorada... ¡La mi tierra! la de las casonas y solanas, la de los valles de égloga, la de los montes gigantes con enhiestos picachos que rasgan las nubes y acometen los cielos; la de las costas roqueñas sobre cuyos acantilados escupe espumarajos de rabia el mar más iracundo y rugiente del planeta; la de la raza sobria y trabajadora, altiva y aventurera, amadora ferviente de su patria y su libertad... ¡Madre Cantabria!

AMALIO SÁIZ DE BUSTAMANTE

4-IV-925

NOTAS

(1)   *De las Desigualdades Sociales*. Jerez de la Frontera: Imprenta de «El Guadalete» (1899).

(2)   V. la Advertencia 1.ª.

(3)   Posada. Prólogo al *Derecho civil y los pobres*, de Menger.

(4)   N. M. Mateos. *La verdadera y la falsa democracia*.

(5)   C. Cantú. *Hert. unio*. Ep. VIII.

(6)   Santamaría. *Derecho político*. Hist.

(7)   Luis Vives. *Del socorro de los pobres ó de las necesidades humanas*.

(8)   *Sermones Sancti Antonii*. París, 1641. Citados por C. Cantú.

(9)   San Ambrosio. *Serm. 64, in Lue*. Cap. XVI.

(10)   San Juan Crisóstomo. *De Lázaro*. Cencio 1.

(11)   San Gregorio de Niza.

(12)   C. Cantú. *Historia Universal*.

(13)   G. Azcárate. Discurso en el Ateneo de Madrid.

(14)   Chamfort, Benlloch y Revilla.

(15)   «Problemas Nacionales»; publicado por *El Guadalete* los días 20, 21 y 22 de febrero de 1900.

(16)   «Teoría del caciquismo» Revista Política.

(17)   Mr. Luygues.

(18)   Conf. sobre la reforma de la enseñanza en Francia.

(19)   A quoi tient la supériorité des anglosaxons.

(20)   Labra. Conf. en el Centro de Instrucción comercial. Madrid 1893.

(21)   11.945.971 – Labra. Disc. en el Congreso, 1895.

(22)   Balaguer (V.). Proposición de ley presentada al Congreso.

(23)   *L'évolution politique et sociale de l'Espagne*.

(24)   Cit. por D. Picatoste. «El siglo xvii».

(25)   Barrón y Ferreras. Disc. en el Ateneo de Jerez, 1899.

(26)   «En torno al gran problema», publicado por *El Guadalete*, año XLVI, n° 13.827, 23-VIII-1900, p. 1.

(27)   Publicado en el *Boletín Oficial de la Cámara de Comercio* y reproducido en *El Guadalete*, año LII, n° 15.994, 18-XI-1906, p. 1.

(28) Publicado en el *Boletín Oficial de la Cámara de Comercio* y reproducido en *El Guadalete*, año LIII, nº 16.089, 22-II-1907, p. 1.

(29) Publicado en *El Guadalete* (año XLVII) como una serie de tres artículos, subtitulados I-A grandes males (n.º 14.088, 23-V-1901, p. 1), II-Grandes Remedios (n.º 14.089, 24-V-1901, p. 1.) y III-Ahora Bien (n.º 14.090, 25-V-1901, p. 1).

(30) Publicado en *El Guadalete*, año XLVII, n.º 14.121, 26-VI-1901, pp. 1-2.

(31) Publicado en *Heraldo de Madrid*, año XIV, n.º 4.613, 7-VII-1903, p. 6 y reproducido en *El Guadalete*, año XLIX, n.º 14.825, 9-VII-1903, p. 1 y n.º 14.826, 10-VII-1903, p. 1.

(32) Publicado en el Boletín Oficial de la Cámara de Comercio de julio de 1905 y reproducido en *El Guadalete*, año LI, nº 15.525, 2-VIII-1905, p. 1.

(33) Publicado en *El Guadalete*, año LXXVI, n.º 23.424, 11-IV-1926, p. 1.

(34) 11, 1, 904.- A. S. de B.

(35) 2, 8, 905.- A. S. de B.

(36) 12, 3, 909.- A. S. de B.

(37) *El Sol.* 9, 3, 926. Primer editorial.

(38) *Boletín de la Junta Central de Colonización.* V. de E.

(39) Publicado en *El Guadalete*, año XLVII, n.º 14.044, 7-IV-1901, p. 1.

(40) Publicado en *El Guadalete*, año LXVI, n.º 20.671, 12-VIII-1917, p. 1.

(41) Publicado en *El Guadalete*, año LXXVI, n.º 23.353, 17-I-1926, p. 1.

(42) Publicado en la *Revista del Ateneo*, año IX, n.º 58, III-IV-1932, pp. 29-31.

(43) Publicado en *El Guadalete*, año LI, n.º 15.550, 27-VIII-1905, p. 1.

(44) Publicado en *El Guadalete*, año LI, n.º 15.626, 11-XI-1905, p. 1.

(45) Publicado en *El Guadalete*, año LXXV, n.º 23.728, 6-IV-1927, p. 2.

(46) Publicado en *El Guadalete*, año LXXV, n.º 23.103, 5-IV-1925, p. 1 y posteriormente en la *Revista del Ateneo*, año III, nº 18, 15-I-1926, p. 4-6.

Éste libro se terminó de imprimir
en verano de 2025